面白日本

おもしろい

神奇裘莉

目次

第三章——社會百態

第一章
家庭生活

大媽買蔬果是會捏捏看的?!
日本太太不一定事事溫柔以夫為尊？
殺價！不只要做而且要狠！

おもしろい！

日本大媽買蔬果是會捏捏看的

喜歡去日本旅遊的朋友，應該常在旅遊書、網路資料中看到對台灣旅客的提醒事項，其中有一項：「在日本買水果，千萬只能用眼睛看，不能碰，更不要捏。」這件事情不僅是出於禮儀規範，也是避免對店家造成困擾的上上之策；不過，日本人自己買蔬果，真的都不會碰、不會一個挑過一個嗎？其實不然。以為日本人買水果都用指的，不會自己伸手挑，或是從這顆摸到那顆、這盒看過那盒，絕對是個誤會。

日本有很多蔬果店，其客群、層級都不同：例如百貨公司地下街專賣高級水果的鮮果超市、專營高檔禮品的精品水果店、連鎖生鮮超市，還有老闆自己進貨、自己顧店的個體戶水果店。依照購物場所的不同，日本大媽們的購物模式和挑選方式也截然不同。

為了說清楚這箇中差異，我們從日本可以買到水果的幾個場合說起吧！在日本購買水果，從最便宜的自用等級到最昂貴的送禮等級的水果店都有。撇開批發市場周邊的中小盤兼營商不談，藏身在住宅區內的小蔬果店，是購買水果時價格最親民的好地方。

通常地段越差的蔬果店，水果的價位越漂亮，但品質不見得不好。可是，真想在這些民生等級的小店中，買到非常優異的產品，卻也不容易。在蔬果店裡，水果成本由老闆（就是負責收銀的那位）自行吸收，所以很少有人敢當著老闆的面捏他的水果。明事理的顧客通常都用眼睛挑選，然後直接打包帶走。這種蔬果店是外國旅客最常被罵的場合，拿起來捏一捏，最後卻丟下不買，簡直是拿武士刀砍在老闆荷包上，當然會使人生氣！

中小型連鎖超市也是歐巴桑採買水果的好地方，這也是我們這篇文章主要說「日本大媽買水果會捏捏看」的原因。中小型連鎖超市雇用工讀生、兼職人員打理店面，通常除了貨品上架，店頭只有收銀台會有店員。蔬果也好，甚至魚肉也罷，日本大媽挑選起來的仔細程度，實在不輸台灣歐巴桑。

大媽們會做哪些事呢？比如，蘋果細細檢查色澤均不均勻、果實夠不夠飽滿；桃子一顆一顆拿起來挑，一定要選到最大最重的；為了挑有比較大顆草莓（都是一盒一盒封裝好）的盒裝商品，把最上面的一排挪到旁邊堆著，翻下面的出來挑……等。因為店員不會主動制止，所以上述這些行為在日本超市並不罕見。

至於最高價的禮品等級水果店，如日本水果老店千疋屋総本店等等，跟中小型超市相比，這種水果行通常店員比客人還多，隨時在店內巡視擺設是否完美。他們的水果標價很少有四位數以下的，之前讓我印象最深刻的「便宜產品」是單顆包裝的草莓，當時一顆六百四十日圓……折合台幣約一百七十元（是一顆，不是一盒！）。

這些水果都用超美的包裝展示，再打上耀眼的燈光，還有專人隨侍在側即時解說介紹——要說有人敢亂捏，那也肯定是口袋很深，財力雄厚了——畢竟，捏壞了肯定是賴不掉的。當然就沒人敢伸手亂摸囉！

如果不要去細究場合，從道德的層面上來看，「買水果不能摸」這件事絕對是正確的。大部分的情況下，日本人確實是奉行著買水果別亂摸、亂捏，看準了直接挑走的方式購物。但是如果擅自以為日本人道德情操比天高，壞事絕對不會做，那可真是誤會大了。在老闆看不到的時候，日本歐巴桑們其實也會趁亂捏捏看、把水果翻來翻去，甚至把放在上面的那盒水果拿開，取用下面看起來比較新鮮，還沒人摸過的那幾盒……。

當然也要強調一下，絕對不是建議大家去日本選購水果的時候大力捏、胡亂摸，這些都不是尊重店家的消費者才會做的事情！「原來日本人自己也會亂捏水果啊！那是不是代表我也可以……。」有人做，不代表這件事就是一件好事。

反過來說，即便在台灣買蔬果，何不也輕拿輕放，多體貼店家和下一位購買的消費者呢？沒有很多人做，不代表不能這麼做。就算沒人看見，也只做會讓自己驕傲的事情。能這樣想的話不管在台灣還是在日本，都可以過得很愉快，而不會有「到了日本就要綁手綁腳」的感覺。

不論台灣或是日本，都有做好事、做壞事的人，這點在世界上任何一個國家都是一樣的。為什麼要特別提出捏水果這件事呢？很多人以為日本人就是完全守法，不做壞事，但其實日本人之中也有投機者，也會有人有在背地裡弄點小動作，所以過度美化，以為只要是日本人就必定擁有很高的道德情操，大可不必。不管到哪個國家都是一樣，與其用刻板印象去想像那個民族的面貌，不如把每個人當成都需要被尊重與了解的個體，對自己周遭的人多點關心，逐一了解其個性，更有機會讓自己看清事實真相！

面白小知識

千疋屋総本店：自江戸時代開始經營的老牌蔬果店，隨著時代演進，現在不僅販賣高級水果，還提供各式水果甜點產品，廣受客人觀迎。門市據點從關東一帶擴展到全國，甚至連曼谷與新加坡都有分店囉。

おもしろい！
殺價！不只要做而且要狠！

日本人守規矩、愛乾淨、不喊價殺價的傳說時有耳聞，這些印象雖然說不上完全錯誤，但全盤接受這種說法，進而以為日本人＝不殺價，那真是太不了解日本了。日本人，當然也會殺價。

為什麼台灣人會有這樣的誤解呢？要了解這件事，得先瞭解台灣人的殺價習慣。在台灣，人們除了因真的很想買某樣物品，但是囿於金額超出預算，只好跟老闆商量看看之外，大部分的殺價理由，其實來自一股「省還能更省」的執念。

這股執念相當可怕，不論買什麼東西，不論價格是否已是前所未見的破盤價，秉持著「殺看看」的精神，都要試著問一句「可以便宜一點嗎？」才開心。「有殺有機會」的習慣就像本能一樣，支配著人們的消費行為，甚至有人說購物的樂趣，就在於成功殺價的成就感呢!!

不過，這「殺到就是賺到」、「沒有最便宜，只有更便宜」的思維到了日本，可行不通。已經很便宜的東西，卻還要求要更便宜？店家當然不會把「怎麼好意思開口呢？這位客人您可真是太不上道了。」這句話說出來。但是，在不合適的情況下殺價，日本店家可是會態度丕變，義正嚴詞地拒絕客人的。

於是乎，不懂得什麼時候可以殺價，結果常在不能殺價的時機要求折扣的台灣人，當然在日本碰得一鼻子灰！日本嚴忌殺價這個傳說，也就成為日本旅行禁忌事項中重要的一項，廣為流傳。

但就跟前一篇提到的「日本大媽蔬果會捏捏看，但是很會挑場合」一樣，日本人不是不做。只不過，台灣人不知道怎麼做，所以沒有成功過！

日本人自有他的一套殺價邏輯和策略。在台灣，客人跟小店殺價幾乎是慣例，越是路邊攤、小生意，客人往往越喜歡殺價；但是到了大賣場，或是連鎖店，又是另一回事，都很乾脆地掏錢付帳。我們就先來說說小攤子的遊戲規則吧！

在日本的情況和台灣相反，客人跟做小生意的老闆面對面時，老闆價錢表定，一清二楚。客人不會開口說：「少收點吧！」，因為那實在太出格了。但老闆有時會對客人主動送點什麼或是提供折扣！老闆希望跟客人建立好關係、讓生客變熟客時，就會用這種方式。

不過，日本的老闆們可是很「挑客」的。不論是看起來一副口袋飽飽、讓人想一直賣東西給你；或是對店家所販售的商品有深入的見解、眼光獨到；又或是態度有禮，讓老闆一看就投緣——任何理由都有可能成為老闆希望建立關係的客人，端看老闆心情、喜好而定。只要過了老闆們犀利、挑剔的眼，特別價格自然也不在話下。

「嗄，只能這麼被動?!」倒也不是。並非在日本都只能被動地等人降價，或是提供贈品，只不過，得在正確的地方殺價，才不會被人厭惡。然而，不殺價文化到了大型連鎖店，又是另一幅光景。

出人意料之外，日本的大型電器商場，比如 Yodobashi 或 Bic Camera，是可以議價的。注意到了嗎？我說議價，而不是殺價。不是在玩文字遊戲，這真的是有差別的。比起「無論你開價多少，我就是想要再便宜一點」的瘋狂殺價，在日本電器大賣場的議價更像是游擊戰加上圓桌談判的集合，充滿策略。

用最便宜的方式買到商品的方式很多，上比價網搜尋當然是基本。不過，比價網的價格是公開價格，而且多有限制，有的不能用信用卡，有的運費另計，所以未必是最棒的。利用比價網找到比較便宜的幾家大賣場，然後親自前往賣場後，比賽才開始。

日本的家電大賣場裡，各個區域有其負責的賣場團隊。他們像餐廳服務生一樣遊走在各個區域之間，提供客人們詢價、協助找貨的服務。但大家心照不宣的事情卻是，他們也負責議價！

通常鎖定商品之後，接著不是拿著商品去收銀台，而是找到旁邊的賣場服務人員，再拿出比價網上查到的價格，請賣場人員好好看一看，說：「這個在網路上買比較便宜耶，我都來這裡了，你給我便宜一點，我就跟你買。」

日本人很有趣，在小店裡跟老闆說這種話，老闆可能用鼻孔瞪你：「那你去網路上買啊！」。因為小商店的利潤比較薄，成本很硬，所以老闆沒辦法給折扣時，說破嘴還是沒辦法。可是大型連鎖賣場就不一樣了。

對賣場服務人員而言，公司的形象很重要，自己的業績更重要，所以能在範圍內給折扣，促成一樁交易，成全客人又得到業績，沒什麼不好。另一方面，連鎖賣場也不像小型商店，被供貨商吃得死死的，進貨價格通常比小商店更低，所以利潤空間比較大，也才能保有給顧客折扣的彈性。

但別以為得到了一點折扣，就是最划算的買賣。真的想要最便宜，只問了一家賣場就急著付錢可是不行的。

雖然通常一般人不會這麼做，但是拿到一家賣場的報價之後，表示出不滿意，前往下一家賣場的話，很有可能可以得到更低的報價。「為什麼同樣是賣場，你家的怎麼偏偏就比別人貴呢？」對於競爭激烈的賣場來說，可是很刺耳的一句話。

甚至連問了一圈之後，回到最開始的那間店，拿出一整串敵對陣營的報價，再要求更低的價格的做法也是有的。若是再更積極一點，要求賣場再給予折扣之外，另外多贈送「還原金」，則又不無小補。

還原金相當於集點換現金，所以要到多少還原金，就相當於拿到多少現金回饋。在殺價殺到白熱化時，轉移注意力到還原金上，會讓賣場人員更願意接受。不過……到底要做到什麼程度，果然還是要看個人臉皮有多厚啦！

おもしろい！

物價很高生存不易？

「日本的物價比台灣高很多，隨便吃一餐都要上千日圓，生活大不易！」……你聽人家說過這種話嗎？這刻板印象可是錯得離譜！去東京超市瞧一瞧，就能瞬間破除迷信，了解台灣人對日本的刻板印象有多誇張。

國人經常誤解東京的物價高，生活好辛苦，但這真的是沒有好好實地比較或搜查相關資料，才會產生的誤解。我們只要到在日本的超市走一趟，就能看出端倪。

首先呢，日本人喜歡玩超市每日大特價的優惠活動當噱頭，所以超市裡經常會出現A5國產和牛大喇喇地貼著「半額（半價）」標籤、蔬菜一律七十七日圓等促銷。而且這些促銷每週舉辦，比如週四是牛肉大促銷，週六是野菜朝市，就是要人每天上門，每天買！

或許你會問，「半價的肉品看起來很優惠，但是品質如何？會不會是一整週賣剩的肉，胡亂湊給消費者啊？」別擔心，日本人的促銷不玩這種小鼻子小眼睛的小氣招式！即期肉品？甚至過期肉品？！那倒未必。促銷時店內所有牛肉都貼上半價標籤，貨架上幾乎是當日進貨的新鮮牛肉啊!!

以東京都內目前有十二家連鎖超市的「赤札堂（あかふだどう）」來說，每週四的「牛肉半額」特賣日，從A5國產牛到黑毛和牛牛排一字排開，主婦掃貨盛況驚人。日本超市這種手法相當普及，靠輪番針對不同品項大特價，吸引顧客天天光顧。

最高等級牛後腿，訂價約在每一百公克七百八十日圓（折合台幣兩百多元）左右，實際結帳時收銀台會再打對折，所以結帳金額會砍到三百九十日圓！明明是最高級的牛肉，但換算台幣之後卻不到一百五十元。

稍微平價一點的日本國產牛，也是油花分佈均勻又新鮮，但是價格超親切。說日本物價很高、東京生活大不易，但其實人家是吃得巧、吃得精緻，又划算！

那麼為什麼台灣人會有日本物價高、生活大不易的誤會呢？其中一個原因是日本的人工很貴，當今天購買的不是原物料而是加工成品，價格就得翻好幾倍。另一個原因，則要看細細比較台日商品的品質了。如果要拿台灣可以用非常低廉的價格就買到的「超廉價」商品來和日本比較，確實日本略貴一籌，但這種比法根本不公平！因為日本的消費者多出一點點錢，可以得到的商品，品質卻比台灣好上太多。

歸根究底，日本人不接受「爛貨」，反而願意多花一點點錢，換取更合理的商品。雖然很少人在討論日本的物價時，會將商品品質納入考量。但就我的觀察而言，日本超市因為商品品相都非常好，所以其實在東京買菜的CP值（cost-price value，性價比），實際上高於在台灣消費。購買相同等級產品的價位，在日本就是比較低。

如果要拿日本的蔬果、肉品標準來檢視台灣的食品，或許只有到百貨公司裡的高級超市，才能找到與之匹敵的商品。但是那個價格，當然又比一般民眾能接受的價格高上三、四倍了，也比日本一般民眾享受的價格，貴上兩、三倍。

所以，如果跟著人云亦云，用「物價高」來理解日本人的消費型態，那就只能了解其表象。如果能夠理解「日本人不願屈就次等商品，並且願意付出相對的價格來購買優質產品」的心理，就能了解日本其實是生活水準高，而不是物價高的事實了！

一味只比較CP值，只在意東西到底是不是最划算，或許真的可以用最少的錢買到該價位所能買到的最大化價值；但是消費者一個勁兒地追求最便宜，卻忽略東西的品質的話，最終只會讓生產者產生僥倖心理，採取降低生產成本，追求最低終端售價的生產模式。最後，消費者花了錢，卻無法買到真正的好東西。

用合理的出價，購買與該價格相符的產品，才是生產者和消費者之間的良性循環。養成適當地、聰明地購物的習慣，不只讓消費者的生活能過得更有質感，生產者也更能專注在生產優質商品，舉國皆歡。

面白小知識

A5國產和牛：和牛是日本高品質高知名度的優良肉牛，按肉質分為A1到A5共五種等級，頂級和牛等級基本上為A5等級。

おもしろい！
日本太太
並非事事溫柔
以夫為尊

傳統日本人心中的完美妻子名叫「大和撫子」——大和撫子不是人名，而是日本「秋之七草」中，一種全名為河原撫子的草本植物，這種草形態淡雅又柔美，隨風擺動的姿態惹人憐愛。大和撫子雖然不是出自某本書中的具體人物角色，卻被形塑為傳統日本女人的典型形象：一身和服，低首垂眉略微露出後頸，走起路來腳踩內八字步伐，性情溫柔婉約，氣質恬靜，行事低調穩重。

可是，做大和撫子可不容易！不但要起得比全家都早，比任何人都晚睡，更要有能夠包容一切的服務情操，即便丈夫說什麼、做什麼，她都能不求回報地永遠支持，包容和忍耐力一流。這樣的大和撫子，曾經是日本政府和父權社會所推崇的女性典範，就像中國曾經推崇的三從四德、貞女形象一樣。但無私無我奉獻後得到大和撫子稱號，跟寡婦守貞後得到貞節牌坊一樣，在現代已經不合時宜了。

隨著教育水準提高、從西方傳來新思潮，日本女性也開始敢於表達自己主張。「你說好的話，我就開心；你說不好的話，我就重做」的日本女性越來越少，相反地，日本女性對男性的期待越來越多。

日本有些新興詞彙和女性對男性的期待改變有關。一句流行語道盡一切：「結婚するなら『イケメン』より『イクメン』！」翻成中文，意思是「要結婚的話比起帥哥（イケメン）更愛奶爸（イクメン，育兒男子）！」

育兒男子「イクメン的語源來自「育児（いくじ）」的「育」，和英語的「man」，兩個加在一起，就成了育兒男子，也就是會幫忙帶孩子的男人、不折不扣的奶爸啦！

過去大部分的日本男人總是大剌剌地把孩子完全丟給太太，每天下班回到家，逕自往沙發上一躺，而太太則是主動拿出啤酒、端著下酒菜來服侍……但這種男性心目中的美好的時代已經過去啦。現在日本女性開始有了新的想法：再怎麼帥，總歸天天看還是會膩，不如選擇奶爸比較貼心。

與此類似的還有家事男子「カジメン」，顧名思義，指的是主動協理家事（かじ）的男性囉！年輕一代的日本女性不只想要男性幫忙帶孩子，還期待他們做家事；以往由女性擔任家庭主婦，一肩挑起家務、育兒，每天埋首在煮飯、洗碗、晾衣服、接送小孩、替老公放洗澡水裡的太太們，開始考慮另一種可能：不要單純的男主外女主內，似乎也不錯。

不過，不論育兒男子或是家事男子，其實隱含的意義仍然包含了男性只需用「參與」的方式帶孩子，以及做家事只是「幫忙」的意涵。也就是說，計較起來的話，帶孩子仍然是女性的責任與義務，雖然提倡男性參與，但是並非強制，也不是絕對。

確實，做家事就是如此，一旦用上「幫忙」這個詞，同時也代表了「平常的話不關我的事，現在有做我好棒～！」簡直像是孩子在母親節時幫忙洗碗一樣。育兒男子和家事男子的意義，倒有點「老公有做是賺到，沒做也純屬應該」的感覺。所以即便女性觀念改變，育兒男子和家事男子成為婚姻市場上的新寵，但在女性的眼中，仍然多有不足，同志仍需努力（笑）。

大和撫子的消失和女性觀念轉變，不只是西化的結果，和日本泡沫經濟也有相當大的關聯。在泡沫經濟之前，日本家庭循傳統模式，男主外女主內，由丈夫負責在會社（公司）裡工作，並且能夠賺到足夠的財富，支撐家庭開銷。丈夫一人的薪水已經足夠支撐家庭經濟，所以妻子便能選擇不工作，專心做家庭主婦，在家照顧子女以及家中長輩。

然而泡沫經濟之後，只靠丈夫的薪資，在很多情況下已經沒辦法支撐開銷。女性全心投入家庭、沒有自我經濟能力，在新婚時期濃情蜜意地看起來不成問題，過了十年、二十年，問題就出來了。在婚姻生活中，往往會形成誰負責賺錢，誰就說話比較大聲的現象，因這種長期不平衡的關係累積不滿情緒，最終走向卒婚、熟齡離婚，甚至死後離婚的例子在日本也已非鮮例。

當代女性發覺經濟全部交由男性負責，不只對自己在家中的地位不利，對男性來說也負擔過大。與其這樣，還不如雙方一起為家庭付出，從男主外女主內走向雙薪合作的家庭結構。

話說回來，大和撫子的精神已經消失殆盡了嗎？相較於台灣人習慣的約會前後都由男方溫馨接送，日本人習慣相約在離約會目的地接近的地方，比如車站或是某個十字路口，再一起去目的地。約會之後，男方不送女方返家，雙方一樣在車站道別，各走各的。

台灣女性習以為常的男友站崗、溫馨接送情，或是逛街時手提包交由男性「代管」的模式，在日本女性看來都是不可思議的異象。在這些事上，日本女性一點也不羨慕台灣人，反而很能體諒男方的難處。

每次跟日本人女性討論到台日差異，只要問起日本為何不流行溫馨接送情，答案幾乎都是一樣的：「這樣對他（男方）來說要花太多時間了，他也很辛苦不是嗎？」，確實是會讓男性覺得窩心的回答呢！

但另一方面，大部分日本女性在生活的細節上相當講究，從個人衛生習慣到夫妻相處模式，都希望能貫徹自己從小熟習的模式。上至餐桌，下至馬桶，都有一套自己的準則。和外國人結婚的日本女性，也是會為了老公不懂得上完廁所要將馬桶蓋蓋回馬桶上之類的細節起爭執。若是因為種種婚前的貼心，就覺得討個日本老婆人生從此萬事大吉，甚至以為日本女性等於無條件順從，那絕對是誤會一場！

說到底，不只是和日本女性結婚的外國人，容易為了日本妻子在共同事務上各式各樣細碎繁雜的堅持而不勝其煩，放眼世界，無論哪個國籍種族階級，在婚姻中的相處本就是一場無盡的修行啊！

面白小知識

秋之七草：出自於日本文學《萬葉集》中山上憶良的〈秋之七草歌〉，七草分別是指萩、葛花、撫子花、尾花、女郎花、藤袴、朝顏（或桔梗）。

卒婚：指熟齡夫妻在體會到雙方個體差異，不適合「綁太緊」後，改以保持婚姻關係但互不干涉彼此為前提的方式生活。（出自杉山由美子《卒婚のススメ》）。

死後離婚：藉由在丈夫（或妻子）死後提出「姻族関係終了届」申請書後成立。對婦女而言具有可改回娘家姓氏、解除對丈夫父母親族的扶養義務，以及死後不需和丈夫葬在同一處等優點。

第二章 人際交往

日本人其實很勇於說不

日語中不存在髒話？

重視人際關係潤滑劑：「雜談力」

おもしろい！

日本人其實很勇於說不

平常的日本人是內斂的、含蓄的，主張以和為貴的。但別以為日本人性格溫和就等於不敢拒絕別人的要求喔！「要求是否合理」是日本人會不會拒絕別人的首要考量。

每個社會都有自己的潛規則，跟台灣人經常想要「私下打個商量」的習慣不同，日本的潛規則之一，就是「每個人都應該知道可以、不可以的界線，不要提出會給別人添麻煩的要求」。

違反這項潛規則的傢伙，就會被歸類到「沒常識」的族群裡。面對社會中無法避免的沒常識的人，日本人會怎麼辦呢？或者，遇到要求一些不合理的要求時，日本人難道就忍了嗎？

一般來說，日本人對於強加在自己身上的不合理要求，都有強大的抵抗能力。別以為日本人遇上無理行為，衝著你是客人，就會一忍再忍，當一個超級「忍者」（笑），日本人其實是「忍無可忍則無需再忍」！

舉例來說，在台灣買東西可以跟老闆娘殺價來回拉扯老半天，在日本，老闆娘卻會覺得：「我的東西真的好，自有識貨的人會買。你在這裡跟我拉拉扯扯，擺明就是不識貨的觀光客，根本是在浪費我的時間，也糟蹋我的品牌。」最後，皮笑肉不笑地說：「謝謝指教，真遺憾。」

雖然對於不合理的要求勇於說不，但日本人卻不會選擇會撕破臉的方式來溝通，而是採取表面上既親切又有禮貌，但實際上悄悄拉開距離的方式說「愛莫能助」。不但不會委屈自己答應奇怪的要求，還務求避免對方自尊心受損。即便是服務至上的百貨業或大公司的電話客服部門，也不脫此範疇。

不覺得這和台灣人的行事思維模式好像是相反嗎？日本人是外圓

內方，對自己堅持的事情一步也不退讓，不可以的事情就是不做，但是會用柔軟的方式來解決別人的要求。台灣人卻是外方內圓，表面上總是說著這個不行，那個不要，但是一旦別人略施壓力或以人情相脅協，就什麼都說好了。台灣人深以為傲的人情，有時候也正是讓人難以拒絕不合理要求的問題之根源。

想要從此脫離人情壓力嗎？單純的「不」往往讓人難以接受，光是學會大聲說不，可是會把自己的人際關係攪得一團亂，你對別人說的「不」，最後還是會回到自己身上。要學會拒絕，就學日本人吧。拒絕時表現出自己想幫忙的誠懇表情，但是同時明確表達出無法幫忙的原因，或許能讓你安然度過麻煩事，同時又維持雙方之間的情誼。

「上司的規定就是這個不能提供折扣，否則查帳時我會被罰錢。」，或是「我知道被退學你會很難過，我也很想幫你加分，可是這樣對其他的學生不公平。」，又或是「其他病患也都在候診中，有很多人比你更早到，請安心稍候。」，以上所有的對話，其實只不過是將愛莫能助層層包裝的結果。

學功夫最忌只學招式不學內力，日本人的勇於說不，只是結果；想學這一招外圓內方，可別漏掉了其中的圓滑應對，這才是大和民族的絕世武功啊！

おもしろい！

心存感謝 是一種習慣

日本社會很重視大小禮節，生活之中有許多看起來像是客套話一樣的「流儀」，被當成常識一樣奉行著。一句又一句看起來繁瑣而制式的話，都有固定使用的時機，唯有掌握這些常識的人，才能融入日本社會，成為討人喜歡的傢伙。

比如，進別人家以前先說聲「お邪魔します！（打擾了！）」，吃飯前說聲「いただきます。（開動了。）」，或是吃飽飯後說句「ご馳走様。（謝謝款待。）」，又或者是日文裡面的「おかげさま。（托大家的福）」，都是日本人時常掛在嘴邊的幾句話。

乍看之下或許會覺得這些客套話多到有些煩人，但是，其實這每一句客套話背後，都藏著深刻的感謝。在日本文化中，有著時時刻刻不忘對他人、對上天心存感謝的思維，是立身處事的基本準則。

雖然台灣人也很習慣順口說一聲「謝謝」，但是日本文化之中的一句句感謝，藏著更為複雜而細膩的價值觀。「謝謝」這句話從最簡單的層面上來說，當然是對幫助自己的對象，致上謝意。但是更多時候，日本人的感謝還會出現在令人意想不到之處。

例如，日本人坐上餐桌，開飯之前必定會雙手合十，說一句「いただきます。」這句話雖然翻譯為「開動了！」但事實上，卻是一句對因為成為人類延續生命的糧食而喪生的動物、植物等生靈表達感恩的謝飯之語。不僅於此，這同時也是對烹調出佳餚的廚師表達感激之情。

說起來只是相當簡單的一句話，但如果只以為這句話等於英文的「Let's dig in.」，或是中文的「開動吧！」，而跟著旁人依樣畫葫蘆地隨意說說，那就太不瞭解這句話所乘載的意義了。如果深刻體會其背後的含義，將感恩放在心中，就會感受到這一頓美食，可是經過了農民、運輸業、超商店員、廚師等無數人的努力，以及動植物們犧牲

的生命，才能得來的。日本人總是要在飯前雙手合十說句「いただきます。」，就是提醒自己，不要忘了感恩。

再舉一個例子吧！日本人在受到別人邀請時，經常會用的一個套句是「誘ってくれてありがとう。」用中文來說就是「謝謝你邀請我。」。在中文裡，通常是公事上或是很不熟的朋友才會用到這樣的句子吧？日本人就是這麼多禮，即便是不克出席或根本不想出席而有拒絕的意思，依然對於別人願意邀請自己一事心存感激。藉由這樣簡單的一句話，讓邀請的人知道自己的邀約雖然被拒，但是對方已經感受到自己的善意，因而能夠維繫雙方的良好關係。

日本的語言之中充滿了這樣飽含著感恩的套句，如果不知其意只是鸚鵡學舌般的念誦，便顯得乏味。在日本家庭中，隨著語言一起教育給孩子的感恩文化，讓日本人不論做什麼事情，都習慣性地認知到凡事不是一己之力完成，並且對於在過程中許多幫過忙的人抱持著感謝的心情。

不過，從另一個角度更深入探討的話，會發現日本人這種感謝文化，其實是一個沒有成本的雙贏遊戲。在一個人感謝別人的時候，說話的人事實上是將自己的存在縮小，同時將別人的付出和成全放得很大。而這樣將自己的功勞輕輕略過，將旁人的付出銘記於心的做法，不但不會使自己的地位降低，反而會讓周遭的人們對此心懷感激。

這種模式相對於以自我為中心的思考方式有極大的區隔。無論優劣，但當日本人總是把「我」放在「大家」之後，那麼這一來一往之間，感謝的人和被感謝的人之間締結了互相敬重的關係，讓雙方都感到愉快而滿足，社會也更和諧。

藉由語言表達內心感恩的習慣，一方面讓日本人時時刻刻記得要珍惜手中的資源，另一方面也讓人與人之間多了一層互敬互愛，讓社會更加和諧。對於不熟悉日本文化的人來說，「謝個沒完」的生活方式或許看來有點虛假，但是這可是日本人維繫人際關係的重要環節！

話說回來，其實台灣也是一個謝來謝去的國家呢。我還記得在歐洲搭公車的時候，通常都是跟公車司機說「嗨！」，公車司機也都是一聲「嗨！」回來；但是唯有台灣和日本，都是司機、乘客互道「謝謝。」。

照理說來，公車司機是服務業，乘客是客人，應該是公車司機說「謝謝」或是「歡迎搭乘」，但是到了台灣和日本，乘客也會站在被服務者的角度，感謝公車司機辛勞工作認真駕車，這一些枝微末節，或許也是日本人在台灣留下的文化殘影。不過話雖如此，日式感謝辭令還是不能完全移植到中文裡來，否則難免讓人覺得過於客套。

日本人因為社會模式已經形成了「互相謝來謝去」這種禮尚往來的文化，所以如果自己單方面表示了謝意，但是對方卻表現得一副理所當然，或是毫無表示的話，反而會讓日本人在心裡犯嘀咕，覺得自己遇上了一個不懂禮節的傻蛋。相較之下台灣人好像顯得比較不拘小節，也比較熱情，說謝謝的時候通常並不期待對方有什麼表示。當然，在台灣的情況，很多時候，確實是即便說了謝謝，對方也不會有什麼回應就是了。或許，這便是有沒有把「心存感謝當作一種習慣」所造成的差異吧？！

面白小知識

流儀（りゅうぎ）：原來是指日本的藝能或武術，因不同流派而各自傳承既定的態度或做法，後來引申為事物的做法或禮儀行事。

おもしろい！

日語中不存在髒話

日語是一種很美麗的語言。就像前一篇探討到的「心存感謝是一種習慣」一樣，日語因為說話者常懷善意，所以變成了一種美麗的語言。不僅將感謝變成習慣，在生活之中，日本人也習慣用正向語彙來描述事件，讓語言更易於被人接受，更動聽。

這樣的使用習慣，讓日本人在說話的時候，會注意到自己的用語是不是能夠討人喜歡。但怎樣的語言才是討人喜歡的語言呢？最基本的就是同樣的事，用正向的方式表述，比用負向的表述來得討喜。例如一杯裝了一半的水，要說成「還有一半」，而不是「只剩一半」這個道理或許很多人都懂，不過，能夠在真正在說話的時候考慮到聽者的感受，細心地審度用詞，避免衝突發生，才是高竿的日式說話法。

就像日語裡面有一句話我覺得非常實用：「困ります。」中文是「這樣我很困擾」的意思。這句話在日本到處都可以聽到，不論是客人對服務不滿意，提出客訴的場合，或是在一個人想要拒絕別人的時候，都派得上用場。

比起直接了當地說：「你們餐廳端出這種臭酸了的菜，根本是一家大爛店！」，或是說：「客人您不要再殺價了。有錢就買，沒錢就請離開！」，日本人則可能會選擇以退為進，說：「本來想要好好地請客人吃一頓大餐，沒想到你們卻讓客人嚐到壞掉的食物，讓我對我的客人不好交代了，這真是讓我很困擾啊。」。面對客人殺價場面，店家也可能說：「我也很想降價，但是還是沒辦法，愛莫能助。」這樣一來，就有機會繞過可能產生正面衝突的場面了。

在日本人盡量迴避正面衝突的對話習慣下，日語裡也就沒有剩下多少適合拿來對罵的詞彙了。閩南語裡面的「幹林老師！」、中文的「王八蛋！」、英文裡面的「Go to hell!!」等等，各種族群不約而同地發明了各種在激動溝通時殺傷力十足、「擲地有聲」的髒話，卻唯獨日本人例外。

日本人的溝通方式雖然是內斂的，但不代表他們好欺負。在該說不的時候，日本人絕對會堅持立場。只不過，日本人即便要拒絕，也會選擇用「相對較圓滑的話語」來達到自己的目的罷了。比起情緒化的表達，或是在公眾場合大喊：「老子不爽！」接著把桌子掀翻這種單純情緒發洩，日本人更聚焦於溝通之後想要達到什麼樣的目的，以及如何達到目的。

日本人深明口出惡言的發洩行為，雖然能圖一時之快，但是卻得從此撕破臉，生意談不成不說，對自己的形象也大有損傷，簡直是玉石俱焚的下下策。忍一時，能夠繼續合作很好，即便最後還是不能達到雙方都接受的條件，還是可以互相留得幾分顏面。這就是日本人的溝通方式。

不過日本人嘴上不說，難道心裡也不生氣嗎？嘿嘿，接下來這句話，得用粗俗點的方式來表達，才能顯出箇中三昧：雖然日語中不存在髒話，可不代表日本人心中沒有幹意（笑）。

在嚴格的社會規訓與共識之下，日本人遵守禮儀，但這不代表日本人沒有感受，說穿了，日本人只是不在意溝通過程中是否自己一定要佔上風而已。更多情況下，日本人只是把話爛在肚子裡，沒說完罷了。這是日本人普遍的理性。希望能夠控制場面的理性，讓他們選擇用更圓滑的方式處理事情，用謙和節制的語言溝通。

日本人每天被訓練用美麗的語言說出動聽的話，然而久而久之，真心話就講不出來，也聽不出來了。反正「這樣說的時候」，「那樣回答」就對了。一來一往，看似彼此之間什麼問題也沒有，但是心裡怎麼想，又是另外一回事。

其實日語同時也是一種重視「曖昧的技巧」的語言。在溝通時保留一點模糊不清的解釋空間，絕不把話講死，在日文中叫「婉曲（えんきょく）」。婉曲的由來正是因為前面說到的，日本人不喜歡正面衝突，所以說話都帶著幾分顧慮，多一點保留。而在這曖昧的溝通之中，往往讓人聽不到真意，必須用經驗來揣度，猜測說話者的真心。

社會上人際交往時這種默契成為慣例，於是嘴上說的和心裡想的漸漸不一樣，但是也沒人真的在乎，雖然有點壓抑，雖然表面上創造出的和諧有點假，但只要永遠不打破，就是真和諧。

也別覺得這樣的日本人太假。人跟人之間，就算親密的人都有無法彼此理解的時候，這種懂得珍惜表面和諧的文化，其實也是值得敬佩。退一萬步說，能夠至少在嘴上尊重對方也顯得得優雅一點。

おもしろい！

禮儀並非與生俱來，適應職場生活特訓不能少！

禮儀是日本職場的重要元素，若是沒辦法掌握好職場禮儀，對於眾所週知的潛規則毫無概念，想來前途將一片灰暗，升官遙遙無期。

職場規則不只適用於上班時間，也不只適用於公司外部的商業合作夥伴，在公司內部和同僚、長官應對，也有為數可觀的行儀規範和潛規則需要遵守。

通常職場新鮮人最先遇到的難題是敬語。在日本的商業場合，只要面對的是公司外部的人，不論是上游的供應商，或是下游的經銷商，都是要用商業等級的敬語與之溝通。

但是日本人並非從小學習敬語，所以進入職場之前，得廢點苦心。這一點，和語言中同樣有著敬語的韓國人很不一樣。

韓國人的禮儀分輩分，所以從小學習敬語，說起來渾然天成，毫不費力。韓國人在家庭之中，也有嚴謹的上下禮儀，兄弟之間不那麼嚴格，但是對父親說話，絕對是要使用敬語的。但另一方面，日本人的禮儀分內外，所以日本人在家只用普通體（常體），也就是沒有語尾（如です、ます體）的最簡單的會話方式。正因為家人之間不用虛禮，對敬語也就不那麼熟悉了。

日本人認真接觸敬語的年紀，大約是從高中開始。不像台灣幾乎人人上大學，日本高中生選擇不念大學的不少。根據文部科学省和総務省統計局的調查，不分男女，日本高中生畢業後進入大學就讀的比例不超過六成。這還是短期大學和四年制大學加在一起的數據。高中畢業隨即進入職場，也代表必須立刻開始使用商用語言，對於敬語的學習刻不容緩。另一方面，進入大學生活的學生，也面對著和高中生活不同的環境，不論是和教授書信往來，或是在教授主持研究室中參與活動，都需要用到敬語。

日本的職場禮儀重視的東西多如牛毛，語言能力固然是一項，但是更重要的是行儀舉止必須合乎流儀，也就是日文所稱的「ビジネスマナー（business manner）」。

如果是做常面對公司外部的業務，因為和外部接觸得多，代表公司門面，最是馬虎不得。舉例來說，拜訪客戶時，除了必須事先預約、不多不少正好提早五分鐘抵達，還有走進大廳之前就要先將大衣脫下只著西裝等規矩。

但是日式商務禮儀可不只是要穿什麼衣服、該什麼時候脫外套，這麼簡單。訪問客戶時，應有的「應對流程」，也是商業禮儀的重要環節。被拜訪的人跟拜訪者之間的關係，就像主場與客場一樣，被拜訪的人（主場）要以禮相待，拜訪者（客場）也要同樣的恭謹以對。但禮貌只是基本功，遵行流程才是重點！

在商場上，能遵行應對流程，表示知道什麼時刻該說什麼話、做什麼事，雙方不用多說，就能互知下一步，自然能讓會晤順利許多。業務拜訪客戶，除了先打招呼感謝客戶撥冗給予面會的機會，還要來個天氣問候以及雜談，讓現場氣氛稍微熱絡起來，等與會者都列席了，接著才能進入正題。會議前，客戶問起飲料要喝什麼時，可以自由選擇，但是除了客戶在會議開始後正式說出：「別客氣，請用茶水」，或是客戶自己先動手喝了茶水之前，是不能擅動飲料的。如果不依照這樣的流程，可是會被標上不專業的記號！

為了要適應重視禮儀的日本職場，日本的學生們通常在求職前，會先想盡辦法充實自己的職場禮儀。有的人會買各式各樣的職場新鮮人禮儀書，增進自己的「社會人常識」。

這樣的書中，不但有敬語教學，還會涵蓋各種情境之下的應對流

程，大至如何拜託客戶幫忙、跟客戶或上司道歉時該怎麼說（上司跟客戶的道歉方式又各有不同），小至如何遞出名片、最基本的三種敬禮「会釈（えしゃく）、敬礼（けいれい）、最敬礼（さいけいれい）」的具體姿勢，通通有教。

獲得錄取進了公司之後，在前期的員工培訓之中也會有大量的職場禮儀訓練。對於職場禮儀的要求之嚴苛，可見一斑。

事實上，即便是外國人和日本人做生意，只要「主場」在日本，也同樣要遵守這些日式職場禮儀。外國人如果真的有心要在日本企業裡混得一席之地，除了語言技能之外，更得盡力學習日本人的敬語，甚至更細緻的肢體表現等等，當然買幾本職場禮儀書來研究也是必須。只要能自己努力學習，再虛心請教公司的前輩，一定能做得越來越好。畢竟，日本人自己也不是從小學習這些，而是在生涯之中逐漸雕琢自己，最終成為完美的会社員（かいしゃいん）。

面白小知識

会釈（えしゃく）：上半身前傾約15度鞠躬。可用於基本的招呼或迎送客人。

敬礼（けいれい）：上半身前傾約30度鞠躬。通常用在迎送客人。

最敬礼（さいけいれい）：上半身前頃超過45度鞠躬。最恭敬的敬禮，除了迎送客人，或用於謝罪。

おもしろい！

「飲み会」是歡樂的聚餐會，但菜鳥社員別想大吃大喝

「飲み会（のみかい，餐飲會）」對日本人來說是職場生活中重要的交際場合。這種日本式的聚餐，不只是下屬在長官面前一展交際手腕的重要時刻，更是跳級認識公司高層的最佳機會。

但也正因為公司的餐飲會是職場中的重要場合，所以有著多如牛毛的餐飲會潛規則必須遵守。一個不留神，不但沒辦法得到上司的好印象，還可能成為眾人眼中既不知禮節、又不懂得虛心學習的臭屁下屬，前途也因此黯淡無光。

雖說下班後是個人時間，理應可以自由運用，不參加聚餐會應該也沒有關係，但這只是表象，每次的聚餐會都不參加，難免被認為不合群。

如果只是跟公司裡的同輩社員一起去聚餐會，倒還輕鬆，幾杯黃湯下肚，將公司裡受到的委屈、牢騷都抱怨抱怨，也沒什麼大不了的。然而參加的若是上司也一同列席的大型聚餐會，則又是完全不一樣的光景。

日系公司相當看重輩分，新加入公司的員工被稱為「新入社員(しんにゅうしゃいん)」，在長官眼中，新入社員在聚餐會中的角色，跟敬陪末座的服務生沒兩樣！越早認知到自己去居酒屋不是去吃喝、聊天的新入社員，越能夠讓上司和前輩們能夠盡情享受宴會，也越有機會在公司內部留下好印象。

聚餐會的快樂給長官，服務的熱情自己來——新入社員和加入公司沒幾年的菜鳥社員，與其說是參加聚餐會的，不如說是公司自備的服務生還更貼切一點呢！

從進入居酒屋之前，對菜鳥們的考驗就已經開始了。公司裡整個部門一起去聚餐會的情況分成兩種，一是由長官帶著大家，一起在下班之後移動到居酒屋。另一種，則是相約一個時間，在居酒屋碰頭。

第一種情況下，除非上司特別指示，要菜鳥社員跟他一起走，否則菜鳥可不能造次。屬於菜鳥的位置，當然是隊伍的末尾，如果不長眼睛，走到前面去，可是犯了大忌，這種不把上司看在眼裡的行為，就算現場不被指正，也會被記在心裡。

如果是另一種情況，大家說好地點，各自在指定時間集合，那麼菜鳥的就得想辦法比約定時間更早到，以免讓其他前輩、長官空等。但是早到不代表可以鬆懈，即便先到場，菜鳥也不能隨便進入店裡，得在店外等候。一方面日本的居酒屋大多空間狹小，擠到店內等人，難免對店家和其他用餐的客人造成困擾；另一方面，長官都還沒到，身為菜鳥當然要在門口恭候！想做個得體的菜鳥，不簡單啊。

入席又是另一個大學問。日本社會就和華人社會一樣，房間中遠離門口的位置是上位，因為可以一目瞭然地掌握全員的動作，而且其他人要進出房間時，也不會一直越過上司，比較不受干擾。菜鳥們當然要識大體，把上位留給上司。

等到全員都入席了，菜鳥才能在最靠近門邊的位置就座。這個門邊的位置可說是最忙碌的位置，因為不論是叫服務生來點菜，或是替眾人添茶倒酒，由坐在這個門邊位置的人來做，都是最方便的。菜鳥人微言輕責任重，理所當然地該坐在門邊。

首輪點菜時，只不過是把菜單交給上司，箇中也有暗藏的潛規則！若是單純地將菜單交給長官，則長官還要伸出尊貴的手翻開菜單，太不方便。所以為了讓長官龍心大悅，點菜時務必翻開飲料頁，讓上司能夠簡單地選擇自己想喝的飲料。

居酒屋中最重要的不是食物，而是飲料。在居酒屋中，日本人必定藉由「乾杯」來宣示開席。通常，參加聚餐會中身份最高的人會領導眾人舉杯，喊出「乾杯！」，才算是正式開席。在乾杯之前，不論是否口渴得像是沙漠裡的駱駝，都沒有人能擅動杯裡的飲料。當然，未開席前就吃桌上的菜餚，也是大不敬，會立刻被列入黑名單！

雖說日本人在居酒屋聚餐會時，大多數人會點啤酒作為第一輪，不過也有例外的情況。有時上司們會一個個挑選自己喜歡的飲料，這時候菜鳥可不能閒著！菜鳥若是不知道在長官們選飲料時，將店員送來末座的菜碟、筷子、餐前小菜（お通し）傳給長官，可是大大失職！

好不容易決定了要點些什麼，長官終於說出「カンパイー！（乾杯！）」來乾杯時，菜鳥也得小心留意，可別自己大喝特喝，最好還是淺嚐一口，趕快放下酒杯吧。畢竟菜鳥在聚餐會上的不是來享受的，能夠配合全場的節奏，讓上司滿腹而歸，才是盡責的好菜鳥。

「歡愉留給上司，服務留給自己」是菜鳥的鐵則，面對居酒屋裡裝盛各種佳餚的菜盤，機靈的菜鳥會搶先其他同期菜鳥，主動拿起公筷，再用背地裡練習了千百次的優良態度，自信卻不招搖地說：「請讓我為大家分菜！」

一句「我來分菜」，看似簡單，但因為是下屬對上司，所以得使用敬語的：「取り分けさせていただきます！」，翻成中文，就成了「請讓我有這個榮幸為大家分菜！」。

別覺得這樣講話太生硬，或是太浮誇喔！在日本的職場文化裡，敬語的使用就是劃分出人與人之間階級差異最直接的表現方式。中文中形容身份地位高的人，總說「高高在上」，到了日本，高高在上變成了「雲之上的人」。雲之上的人是怎樣的人呢？用日文說比較有感：「雲の上の人、つまり神みたいな人。」只有神能住在雲端，而雲之上的人，即「跟神一樣的人」，當然得用敬語伺候。

除了分菜，添酒的功夫也不能省。如果發現上司的酒杯裡只剩三分之一的飲料，可得立刻斟酒。等到上司自己發覺「啊，喝完了」，可就前功盡棄。沒發現上司沒酒了怎麼辦？當然不可能發生這種事啊！菜鳥以三十秒為單位，不斷確認上司的酒杯狀態，是常識啊！

如果遇上需要加點飲料的情況，菜鳥們也該儘早準備，畢竟夜裡的居酒屋相當忙碌，加點的飲料往往得等個十到三十分鐘才會上桌。把這個細節考量進去的話，替上司點續杯飲料時怎能不未雨綢繆？

這些聚餐會時服侍長官的義務，雖然會讓菜鳥精神緊繃，但是因為多是約定俗成的規矩，所以一回生二回熟，做多了也就習慣成自然。等到能夠掌握這些技巧，可以遊刃有餘地服務長官時，通常下一代的菜鳥們也已經加入公司，而自己升級變成前輩，終於可以開始享受被服務的優越感。

到了這個階段，菜鳥成老鳥，也才有時間能在吃飯夾菜之餘騰出時間，去和平常接觸不到的上層長官請安，為自己在上司心中留下更多好印象。

おもしろい！

重視人際關係潤滑劑：「雜談力」

跟客戶開會前，除了第一時間的問候，還要適當地進行雜談。雖然說是雜談，但是內容可不是隨意而為，而是有標準模式的！除了最普遍的天氣話題，對比較熟識的客戶，還可以加入旅行、新聞、熱門電視節目等等，與政治或個人隱私無關的輕鬆話題。

日本人很重視雜談，因為通常訪客會在大廳櫃檯先請櫃檯小姐通報，再由公司員工領入會議室，而從櫃檯到電梯，再進入會議室這一段路程，如果雙方相對無言，緊接著會議的氣氛也會跟著嚴肅起來。這時候，由無關緊要的天氣話題打破沉默，是最簡單的作法。

「哇，今天的天氣真熱啊！」

「又到了梅雨季呢，最近雨下個不停。」

「剛剛看到貴公司附近的櫻花都開了，真的有春天的感覺呢！」

進行商唔時，日本人幾乎百分之百從天氣話題開始破冰。因為天氣常變化，所以每天都可以換個說法，似乎比「呷飽沒？」豐富得多。

除了不怕千篇一律，讓人覺得乏味，天氣話題還有額外好處：對方容易回答，自己也容易接話！雜談的目的本來就是避免冷場，所以太困難而會讓對方無法接話的話題當然必須避開。

「相對論裡面這個部分我不太懂，您對相對論熟悉嗎？」（哈，但有多少人會這樣開啟話題呢？）

拜託！想打破沉默結果卻讓對方陷入五里霧，破冰話題變成結冰話題，那後面的事情可就不好辦了。

回到前面的例子，說到天氣熱時，最基本的標準回答就是「是啊，好熱喔！」。自己也能順勢往下，再問客戶：「對了，您喜歡什麼季節呢？」，話匣子也就打開了。

如果提到梅雨季，回答：「是啊，雨一直下個不停，每天都不能不帶傘呢。」，或是積極一點，自己丟個話題：「雨一直下個不停，所以最近我買了一把新雨傘，有一個特別的功能……。」如果引起對方的興趣，甚至讓對方感覺到自己是個跟在潮流尖端的人，留下好印象，那這一把新雨傘，真是買得太值得了。

櫻花的季節更是好聊的時節，畢竟賞櫻花可說是全民運動。討論櫻花開的話，不論說：「春天果然還是要賞櫻呢，您最近有去賞櫻了嗎？」，或「聽說○○地賞櫻很不錯，真想去看看呢！」等等都很好，既自然又不會乏於變化，是讓所有人心情飛揚的春天話題。

正因為天氣是所有人都能感受到的現象，所以往往能讓人很自然地將話題延續下去，無怪乎日本人會面的起手式，通常都是「季節のご挨拶（天氣的問候）」了。不過季節話題只是熱身，場面話用完了之後該聊什麼？要讓雜談不流於樣板，補充冷知識也是很重要的秘訣。

日本人稱冷知識為「雜學」，知道很多冷知識的人，因為知道別人不知道或是好奇卻找不到答案的事情，所以能在聊天時讓人話題豐富，獲得他人崇拜的目光。

「以前的樂譜其實不是五線譜唷！」

「用鐵錘用力敲鑽石的話，誰會壞掉？」

有點吊人胃口的話題，能讓周圍的人把焦點關注在自己身上，進而主導聊天的節奏，掌控場面。其實仔細想想，不只在日本，世界各國都是一樣的，擁有廣泛知識的人，自然比話語貧乏的人更受歡迎。

不過，可別弄巧成拙，變成賣弄理論的老學究。像是前面說的相對論，就算對相對論真的很熟，也別拿出來賣弄。「相對論裡面有個部分解釋了宇宙運行的真理，你知道是什麼嗎？」這種題材，十之八九，對方一聽到愛因斯坦偉大的相對論，已經開始頭暈眼花，還是免了吧！如果無視對方心中吶喊的「Ｎｏ！」，還真的滔滔不絕地說起相對論的話，那可要變成授課，而不是雜談了！

おもしろい！

買土産重視的不是味道，是「分裝個數」

日本可以說是世界知名的觀光大國，不僅有美食美景購物趣，更擁有悠長且獨特的歷史文化，藝伎、和服、握壽司無一不迷人，每年都吸引無數外國觀光客到日本旅遊。但是，可別因此誤會以為日本的觀光產業完全是靠外國人撐起來的！

其實日本人對旅遊的需求也很大，除了出國玩，日本人對國內旅遊也相當熱衷。畢竟，擁有從南到北大異其趣的風光和在地文化，日本人的國內旅遊，已經豐富到讓人樂此不疲。觀光客多的地方就有紀念品店，而各國紀念品店裡販賣的東西，相當大的程度能夠反映當地文化——日本的紀念品店，更是獨樹一格，仔細觀察，會發現從紀念品店，就能看出日本人人際交往的小秘密！

和其他國家的紀念品店裡面多賣著鑰匙圈、小磁鐵或是各種有趣小物的情況相比，日本的紀念品店裡，總是陳列著比他國紀念品店更多種類的當地土產。不論是小餅乾、日式甜饅頭，還是小羊羹，或是以當地特色農產品製成的糖果，都是日本人在紀念品店裡必買的項目。到了北海道，一定會買幾盒夕張哈密瓜糖或白色戀人巧克力；到了沖繩國際通，不買一盒紅薯餅，就覺得哪裡怪怪的。

比起鑰匙圈，日本人確實很愛買當地土產，尤其是分裝個數很多的，特別受歡迎。最好是有印刷質感高級的精美包裝，然後盒子打開來，裡面有二、三十個單包裝的餅乾、小甜點一類，最能刺激日本人的購買慾。

雖然一般人出國在紀念品店買零食時，都會希望買到好吃又能代表當地特色的商品，但是對日本人來說，買土產不是單純的個人享受，更像維繫人際關係的一種義務。從學生時代開始，日本人就相當熟習這樣以互通土產表真情的交際方式。

不論是學生還是社會人士，放長假去其他地方旅遊，必定要從旅遊地點買土產回來和同學、同事分享；不只如此，就連因公事出差，也不能忘記帶點異地美味跟同事同樂。但好吃不好吃卻不怎麼要緊……反正不是自己吃！更何況同一個部門裡的同事往往不只是一兩個人，要能顧及所有人的舌頭，哪有這麼容易呢?!

比起枝微末節的口味問題，一盒土產裡面有幾個單包裝，才是至關重要的頭等大事呢！

日本的紀念品店販賣土產很有道義，每一盒的價格大約都在一千日圓（台幣約兩百七十元左右）上下，讓人能夠無負擔地購買。但每一盒裡面有幾個點心，卻不一定了。如果部門內有三十五人，選中的餅乾卻一盒只有十個，那要買足每人都能分到的數量，可不是小錢。與其選擇看起來比較好吃、實際上也比較好吃的品項，一盒裡面有一大堆，可以用少少錢就搞定所有人的那一種，最受青睞。

這不是小氣，而是相當富有智慧的做法。畢竟每次旅遊、出差，都得帶個什麼回去分享，一次一次加總起來，也是一筆不小的交際費。結果就是所有人都心照不宣，有買就好，反正土產這種東西，只不過就是吃個心意。說到底，送禮本就是心意最重要。

雖說日本人買土產「重量不重質」的思維，乍看之下有點小氣，但是深入想想，既能圓人情，又不用太破費，確實是在重視表現和心意的日本社會中能夠兩全其美的解決之道。

おもしろい！

「別給人添麻煩」的思維一定是好的嗎？

一般來說，日本人多半性格獨立且重視隱私，即便結婚了，夫妻之間還是保有很大的隱私和個人空間。家族之間，甚至某個人出了什麼事情，也不一定會跟其他家人商量，而是一個人默默地想辦法，試著自己獨立解決。

別給人添麻煩的思維，在日本可以說是相當普及的。自己的麻煩自己想辦法處理，別給其他人造成無謂困擾，在日本是天經地義的事情。不過這樣的思維究竟是好還是壞，可別太早下結論。

願意為自己的所作所為負責到底的人，大家都喜歡。這樣的人不給旁人添麻煩，有肩膀又可靠，甚至在遭遇問題時還能憑自己的力量解決、突破困境，因此讓人覺得格外值得信賴。比起無法為自己的行為負責的人，能夠為自己的人生負責的人，的確讓人更願意親近。但為什麼日本人對於「對自己負責，別給別人添麻煩」這件事特別執著呢？

日本天然環境嚴苛，自古以來建立起互相依靠求生存的密集聚落。到了江戶時代，聚落更趨緊密，人們居住在稱為「長屋（ながや）」的住宅裡，鄰居彼此之間只隔一道土牆，人跟人之間沒有秘密，隔壁太太家的大小事通通藏不住。在整個社區牽一髮而動全身，任何人只要惹出麻煩就會殃及整個聚落、變成眾人麻煩的生活環境下，每個人都得管好自己，否則即便別人願意幫忙，也會因為給人造成困擾，往後抬不起頭。

認知到自己的作為對社會造成負擔，並且反省自身過失，承認錯誤，就是日本人說的「恥を知れ！（做人要知恥啊！）」。若是有朝一日被人當面說了：「恥を知れ！」可是很重的責罵。被人罵上這一句「不知恥！」，表示所作所為已經超過了旁人可以忍受的限度，為人失敗。

為了能跟周遭的人和平共處，日本人將知恥、不給旁人添麻煩，視為無比重要的價值，每個人從家庭教育開始，就從父母身上耳濡目染地學習，早已習慣行動前先思考後果，在不會給人添麻煩的架構上行事。這不僅是人生在世的自我約束，也是社會的共識。全員遵守，則天下太平。

不給別人添麻煩，看起來似乎是個很棒的價值。不過有光的地方就有影，日本人這種不想給別人添麻煩的思維，在日本人的思考脈絡中看起來很棒，但是跳脫出日本社會的框架再回頭看的話，會發現日本人有點走火入魔，別給人添麻煩的思維反而阻礙了社會發展。

給人添麻煩，必須先承認自己做不到，而需要他人協助。不願意承認自己失敗的日本人，出了事情總想自己解決，習慣不和旁人商量，結果最後就在孤立無援的情況下，洞越挖越大，最後造成無法挽回的後果的情況也是有的。

怕給人添麻煩、怕犯錯丟臉的性格，有時會讓日本人傾向選擇相對安全而不易失敗的選項。即便勇於挑戰的話可能會得到豐碩的戰果，但是因為怕失敗會給旁人添麻煩的性格，讓生活在框架之中的日本人不管是什麼事情都得瞻前顧後，「萬一失敗？」的思考模式讓人不敢嘗試突破，總是選擇保守的答案，結果喪失了改變的可能性。比如談到創業，因為風險高，責任又大，對日本人來說，與其自己承擔這些風險，失敗了得被人笑一輩子，還不如去大公司上班，領一份穩定的薪水，過平凡但萬全的人生，對家人也有個交代。

話說回來，願意包容別人的失誤，也知道自己的失誤會被包容，偶爾給旁人添點麻煩當作感情的調劑，這種想法正是台灣的人情味之所在。而這樣能包容他人互相幫忙的文化，正是台灣和日本最不同的溫暖人情。

說穿了，日本人總是「謹小慎微別變成老鼠屎」的文化和台灣「既然是親友鄰居就該守望相助、互相幫忙」的文化，都是來自於一份對他人的體貼。不過，自負全責的日式教育雖然看起來好，卻難免讓社會趨向保守。從這點看來，彼此添麻煩的台式人情味倒也不差。畢竟，人本來就是群居的生物，完全不給人添麻煩其實也是不可能的，作為台灣人的我雖然覺得每個人都應該管好自己，但是相比之下，或許台灣人這種不拘小節的人情味，還是更溫暖可愛一些呢。

面白小知識

長屋（ながや）：日本古代的一種集合型住宅，其空間狹長，分隔成許多個隔間供數個家庭居住使用。

第三章

社會百態

意外地「性保守」?!

日本人並非都愛天皇

大多數的日本人其實「中文？略懂。」

おもしろい！

腳踏車就是要亂停啊！不然要停哪裡？

日本街道整潔，日本人待人接物有禮貌又守時的印象，在台灣人心中存在已久。但是其實日本人所做的有序行為，很多時候只是表象，在細節處好好觀察的話，會發現一些蹊蹺，讓人驚訝：「咦？怎麼跟印象中的日本人不太一樣咧？！」

雖然日本是個地勢起伏很大，山地、丘陵遍佈，全國各地都看得到各種「坂道」（さかみち，斜坡）的國家，但是日本各地的婆婆媽媽還是非常喜歡騎著腳踏車到處跑。

腳踏車是日本最便宜又唾手可得的交通工具。購入價格低，讓任何人都能無負擔購買，而且裝上個車籃、電動馬達之後，採買日用品就不用手提，上下坡也省力，輕鬆很多。小孩出生之後，再加裝一個幼兒座椅，就能解決媽媽出門時，小孩只有一個人在家，沒人照顧的難題。另一方面，通勤族也很喜歡騎腳踏車到附近的車站，然後再轉乘電車或地下鐵，節省通勤時間之餘，還可以順便健身，一舉兩得。

相較於台灣原本就不太在意汽機車亂停，腳踏車更是隨心所欲地騎到哪停到哪，根本連「單車停車場」這種設計都沒有的窘況；日本政府可是嚴令規範了腳踏車的停靠規則。從制度面看，很完美，但可惜這規則在日本社會的成效很差。腳踏車亂停的人多，守規則的人卻少之又少。跟台灣機車騎士簡直像是同一個師父教出來的（笑）。

話雖如此，日本人腳踏車違停的原因可跟台灣機車騎士的苦衷大不相同！台灣的機車違停分成兩種，第一種是鬧區的違停，各大商圈、夜市中，往往一位難求，所以騎機車的人，只能盡量在三個停車格裡塞下第四台、第五台機車。另一種，則是沒什麼人的地方，機車騎士們便宜了事，隨便亂停，反正沒什麼人會經過，就算擋到路，也就得過且過。

日本的腳踏車違停，卻又是另一幅光景。日本的腳踏車違規停車，通常都不是「迫不得已」，而是「貪小便宜」！其實日本能停腳踏車的地方多得不得了，大部分日本的車站旁邊都有設置「駐車場（ちゅうしゃじょう，腳踏車停車場）」。但是，很多腳踏車停車場都是月費制，所以無論你是通勤上班，還是住在車站附近的居民，想要找個地方停腳踏車，都得乖乖付費！

如果不想付費，當然就得自己找得到地方停車。可是，如果不去有附設腳踏車停車場的超市購物，那當然就沒有地方可以停。於是路邊就多了很多將腳踏車鎖在路邊柵欄、電線桿上的違規停車了。而這樣的腳踏車亂停對日本人來說，不只習以為常，而且一點心理壓力也沒有。

雖然日本人在很多情況下，會因為別人的一句話而在意老半天，或是因為太介意自己違反規則時會被旁人注意，而不敢放膽地做，但是唯有單車違規例外。單車就是會東停西停，這個概念已成社會默許的規則，所以大家都睜一隻眼，閉一隻眼，相安無事。

不只腳踏車違停如此，日本人決定要不要闖紅燈時，也是差不多的思維。雖然所有人心裡都不想等紅燈，但是卻不願意做第一個打破規則的人。然而，如果很多人同時等著過馬路，卻一台過路的車輛也沒有的時候，一旦出現一名「勇者」挺身打破規則闖了紅燈，就會緊接著出現一大堆跟著闖紅燈的從犯。如果有機會的話到東京澀谷街頭時觀察看看吧！或許會讓你對日本人的性格，有全新的認識喔！

おもしろい！

相撲選手其實是一群超厲害的運動員

老一輩台灣人說起相撲，一定會說一句：「大肥相推(dua bui shoen)」，好像相撲選手除了肥胖，再沒有其他讓人記得住的特徵……但是，相撲選手其實是背負著文化傳承，優秀且專業的一群運動員啊！

早期台灣被日本政府統治，台灣人民也因此認識了日本的各種文化，但是日本的國術相撲卻沒有像劍道、花道一樣，被台灣人視為高級的外來文化，反而落了個大肥相推的好笑名字。這倒也不是不能理解，畢竟雖然胖不是錯，但胖得跟相撲選手一樣時，難免讓人乎略他們壯碩肥大身形以外的部份。

但相撲選手間的輸贏真的是靠胖來定奪嗎？越胖就是越好？當然不是。相撲又不是賽豬公，既然不是靠秤重來算排名，怎麼可能越胖就越好呀！相撲可是一項正經競技，而且是一項講究技巧、速度、反應、經驗以及體型，門檻相當高的競技活動。

也因此，相撲選手的一天包含了三大課題：吃、訓練、睡覺。三大課題如黃金三角般互相依存，缺少任何一項，都無法成為頂尖的相撲選手。

相撲選手住的地方稱為「相撲部屋（すもうべや）」，對相撲選手而言，部屋就像足球明星們各自有其所屬的俱樂部一樣，是很重要的「家」。在相撲的世界裡，每位相撲選手都一定有自己所屬的部屋，而相撲部屋由退役相撲力士掌管，稱為「親方（おやかた）」。親方可說是相撲部屋裡的靈魂人物。

親方不只要招募新人，還要讓新進相撲選手候選人可以盡快熟悉相撲的世界，親方同時也是現役相撲選手的老師，從訓練到休息都要管，說親方和相撲力士之間的關係宛如父子，也不為過。就跟每位選手都有自己所屬的部屋一樣，每位相撲選手也都有自己的親方，沒有哪一位相撲選手是獨立於這個系統外，不受相撲部屋跟親方支持的。這是相撲的傳統，也是相撲世界的規則。

除此之外，加入了相撲部屋的相撲選手，也不能主動更換相撲部屋或是拜入他人門下。在相撲的世界裡絕不容許相撲選手跟自己的親方斷義。相撲畢竟是日本歷史悠久的傳統運動，承襲了一直以來的輩份、長幼觀念，一旦入門就是家人，代代相傳。

從決定入行做一名相撲選手開始，少年們便加入各自的相撲部屋，在親方的身邊跟著前輩相撲選手一起生活、接受訓練。在相撲部屋的共同生活經驗是相撲選手生命中相當重要的一環。不只要跟著前輩們一起訓練，學習相撲的技巧；在生活、禮儀、習慣各方面，也都有嚴格的要求。

在沒有比賽的日子裡，相撲選手都會安排訓練。雖然各個相撲部屋時間略有差異，但是大約從早上五點開始，位階較低的相撲選手就開始起床為訓練做準備。到早飯之前，相撲選手們會完成大約兩個半小時的訓練。訓練過程中，不管有沒有輪到自己上場，都要專注地參與，因為即便只是觀察其他選手練習，也能成為讓自己成長、更上層樓的養分。

一般而言，相撲力士只跟自己同階級的選手對練，但有時候，前輩們也會好心地和後輩一起練習，除了全力以赴，結束後後輩還得誠摯地表示感謝，才算是不負前輩的苦心。不只前輩陪自己練習的時候要有良好的態度，見習前輩的練習時，後輩們也要擔當小幫手，從倒水、擦汗、遞毛巾、拍落沾在前輩身上的沙子開始，一直到打掃土俵（日本相撲比賽時的擂台）等等，都是低階級相撲選手的責任。

相撲選手跟一般的大胖子不一樣，不只行動相當靈活，力氣也是一等一的大。靈敏的行動力、瞬間爆發的力道、精準判斷局勢的經驗，每一項都關乎相撲選手能否在土俵上獲勝。但是除此之外，相撲選手的身段其實非常柔軟！別說一般的坐姿體前彎了，連劈腿這樣的高難度動作，對相撲選手而言也只不過小菜一碟。

柔軟度對相撲選手的生涯相當重要。力氣大技巧又好的人固然能在土俵上獲勝，但一時的勝負是一回事；在土俵上不受傷，又是另一回事。身體的各部位是否柔軟又強韌，才是相撲選手的職業運動員生涯能否長久的關鍵。

日本人說，相撲比賽之中，力士衝撞彼此的瞬間力道相當於兩噸重卡車對撞，相撲選手的每次比賽，都相當於出一次小車禍！姑且不論這數值是否為真，相撲選手對撞時的力道遠大於一般人相撞的力道，那可是絕對不假。相撲選手雖然勇敢的面對這能讓普通人骨折的強勁衝撞力道，但一有不慎也是會受傷的。正因如此，相撲選手每日都必須勤加鍛鍊，才能擁有保護自己的身體素質，並把握在千鈞一髮之際取勝的機會。

相撲選手必須肥肥胖胖的，其實正是增加取勝機會和避免受傷的一個必要策略。相撲跟空手道不同，前者不分體重級別，所以噸位越重越站得住腳，不但別人無法把自己撞飛；自己撞別人的時候，對手還會因此特別容易被彈開。而且，厚厚的脂肪可以在衝撞時提供緩衝，就像汽車的安全氣囊一樣，是能保護相撲選手的寶貴肉墊。

為了養出狀碩體型，相撲選手們會吃稱為「ちゃんこ鍋（ちゃんこなべ、力士鍋）」的料理。傳統的力士鍋中不煮四條腿的動物，而是以雞肉為主——因為相撲力士一旦開戰，下次手腳同時著地時，便是敗陣的時候，所以為了討個吉利，兩隻腳的雞就比四條腿的豬、牛更受人喜歡。

一般人也可以在相撲主題餐廳裡享用到力士鍋。通常一鍋力士鍋店家會建議三、四人合吃一鍋，先將肉類、蔬菜、丸子等主要的配料下鍋煮熟，吃完，再於鍋中放入白飯，加雞蛋煮成鹹粥，一鍋四人分著吃，剛剛好。

可別以為對相撲選手來說，吃得肥肥胖胖是很容易的事情。有擅長吃的相撲選手，當然也會有不擅長吃的相撲選手。相撲選手之中，也有擅長競技技巧，但是怎麼吃都吃不胖的人。可是因為不胖的相撲選手在比賽時是很不討好的，就算競技技術很好，小客車還是扛不住戰車，所以相撲力士吃力士鍋時，每次都要獨自吃下一整鍋，來養胖自己！

唉，每一餐都吃常人的四份，談何容易？因此對剛開始接受相撲訓練的選手來說，吃飯時間往往比訓練時間更辛苦。話雖如此，有的比較能吃的相撲選手，吃完一鍋，還會續鍋呢！

每天在高強度的競技訓練和大量飲食的循環下，相撲力士的身體當然也需要充足的休息。所以睡覺也是相撲力士很重要的工作，既可以增肥，又可以休養身體。相對於其他兩項，睡覺倒真的輕鬆許多。

優秀的相撲選手不只地位高，也能賺進大把鈔票，就像網球界的費德勒、足球界的梅西一樣，儼然是走路有風的大明星。雖然必須承認相撲選手和其他運動的選手相比，在外型上的確不太符合一般審美概念中的運動型男，但是說起強健的體魄和不服輸的運動精神，相撲選手絕對不輸其他世界一流的運動員呢！

面白小知識

ちゃんこ鍋（ちゃんこなべ，力士鍋）：又稱為相撲火鍋，原本是為了培養相撲選手的體格而開發出來的料理，特色為份量大、內含豐富的蛋白質。現在也成為大眾料理。如果想要親自到日本體驗相撲選手的飲食，可以到東京都墨田區的兩國地方，這裡因主辦相撲比賽而聞名。兩國地方不但有許多知名ちゃんこ鍋店，能讓人飽嘗正統ちゃんこ鍋的美味，還有機會在兩國國技館中親眼觀賞大相撲比賽喔！

おもしろい！

意外地「性保守」?!大學宿舍居然管這麼嚴！

說到性保守，很少有人會直接聯想到日本這個情色產業大國吧？就算不談情色產業，日本的保險套公司「相模」也曾研究過日本人的初體驗，調查發現相較於六十歲世代平均初體驗年齡落在二十一歲，而年輕人的初體驗平均年齡，又已經下降了三歲，只有十八歲。這還是平均數字而已！其中女性的初體驗年齡，又較男性更低。

在高中裡，甚至有學生會有「朋友們都已經有經驗了，只剩我一個還沒經驗，怎麼辦才好？」的焦慮感。這也難怪，依照該研究的數字，有一半的日本人在就讀國高中時已經「擺脫童貞」，而且在學校裡暢談經驗，當然會對其他人造成影響。

雖然日本人和異性交往時，普遍來說對性的觀念是比較開放的，但在制度層面上，日本卻是相對性保守的國家。以大學宿舍來說吧，我還記得以前在荷蘭唸書時，大學宿舍直接是男女混宿，雖然男女分房睡，但是同一棟建築裡有男有女，男生就住在女生隔壁，男女使用共同的廚房、浴室、洗手間，一點問題也沒有。日本在這方面卻不是這樣，他們的制度顯然沒跟上年輕人交往異性時採取的的快節奏，宿舍不只有男女門禁，對一切試圖進入女子宿舍地盤的男子，更是像防賊一樣謹慎。

嚴格到什麼程度呢？宿舍內嚴禁男子出入。當然，這樣的制度是要保護宿舍裡的其他女性，但是即便是大學宿舍，有的還是嚴格到連父親或親兄弟都不能踏進住宿生的房間！

這個制度在比較保守的家長眼中看起來可能覺得「真讓人安心」，但是名為保護的政策，實際上也是一種性別歧視。因為這個門禁的問題，許多男性宿舍生可以享受的權利，到了女生宿舍的住宿生身上，就被剝奪了。

日本的快遞和郵局服務都非常好，如果住在宿舍或公寓裡，那麼收送貨不會在大門口進行，郵差跟快遞士會替你將貨物送到玄關，省下客戶自行搬貨的困擾。比如說，如果從樂天市場上訂購了一整套床具組……那麼「送抵玄關」的服務就格外讓人感到開心了，是吧？

不管你是住在有電梯的高級宿舍，或是住在老式無電梯的集合型房舍裡，從建築物的大門口到自己小房間玄關中間，往往有一段說長不長，但是也稱不上短的路程。然而，即便送抵玄關的服務在日本社會中是理所當然的事情，全日本仍有一種人無法享受這種服務：女生宿舍的住宿生。

雖然在極端的情況下，也有放行的例子，但是女宿舍裡禁止男賓的規章，讓所有女住宿生必須要自己搬運包裹。相反地，男住宿生卻可以保有這項權利。

話說回來，亞洲國家實行名為保護女性，實為權利限制政策的，也不是只有日本。台灣有幾所大學的女生宿舍，即便跟日本相比也不遑多讓。輔仁大學的灰姑娘事件就是一個有名的例子。同樣都是宿舍的住宿生，繳交了相同的費用，但是卻不能自由決定回宿舍的時間，而必須在校方認為安全的時限之前回宿舍，一旦超過時限，宿舍就會關閉大門。

看起來是想督促學生遵守門禁、宵禁，但實際上卻造成隱藏的危險，因為無法在時限內回到宿舍內，住宿生就得自己想辦法在外過一夜！如果就保護住宿生的角度來看，這麼做雖然可以確保大多數學生在時限內回到宿舍，不在外過夜，但是對於有特殊情況的住宿生來說，被迫無法返回寢室，反而更危險了。

噢，對了，日本的學生住宿系統可不是只有學生宿舍一種。除了跟台灣學生宿舍相像的不供餐學生宿舍之外，日本還有學生會館、學生寮等變種。

學生宿舍裡雖然不供餐，但備有廚房供住宿生們使用。住戶們享受較高的自主性的同時，彼此之間互動也不多。學生寮的情況就跟學生宿舍很不一樣，學生寮裡通常會設置食堂，每個月繳交的房租裡也包含了伙食費用，有的只包早餐，也有早晚餐都包的類型。在學生宿舍大都男女涇渭分明，不可越楚河漢界的情況下，學生寮也不例外，大多區分成男子寮和女子寮。不過，學生寮的經營型態很多元，所以近年也開始有刻意不分隔男女的學生寮設立。

日本社會的性保守制度雖然管不了檯面下的暗潮洶湧，卻讓學生維持著檯面上嚴守男女之防的假象……究竟有沒有必要這麼做？見仁見智囉。

おもしろい！

不只英文單字量大，口說也在突飛猛進中！

日語無捲舌音的咬字方式，以及「啊咿嗚誒喔（あいうえお，是日文最基本的五個母音）」的超單純母音，讓日本人練習英語口說吃盡苦頭。說英語時日本人鄉音重這件事，甚至在非英文母語國家的人眼中，成為笑柄。但回頭看看台灣人，有時自以為是覺得自己的英文口說比日語母語人士好，實在是五十一步笑五十步呀。

說到底，這樣的誤解可能來自於台日彼此用英文溝通時互相聽不懂，因而才有了日本人就是英文爛的錯誤想像。其實並非日本人的英文就是爛，在許多調查場合中發現，日本人的腔調並不會讓日本人和英文母語者溝通時構成問題，此外，日本人愛讀書、背單字，往往在求學階段利用通車時間勤背單字，所以就算口說不流利或有口音，但知道的單字量相當驚人。

日文是個特別開放的語言，吸納外文詞彙時幾乎來者不拒。不只從中國隋唐時代開始吸收中文、漢字，連英文、葡萄牙文、西班牙文、荷蘭文、法文等歐陸語言，也都在日文中以片假名原樣嫁接。雖然相同的詞語搬到了日本，往往被賦予新意，但是至少這些詞彙，對日本人來說一點也不陌生。而這些外來語日文，都成為日本人學習外語時的資產，在接觸外國語言時，日本人背單字其實是有隱藏優勢的。

即便是不擅長的英語腔調，日本人也積極想辦法改善。近年日本興起一股增進英語口說能力的風潮，網路英語口說家教相當風行。以往日本的英語教學，除了為數較少的菁英教育體系有能力及財力找到真正的英語母語人才，大部分的英語教職都由土生土長的日本老師負責，「日本腔英語」也就代代相傳，勢不可阻。

然而網際網路興起後，視訊電話逐漸成熟，讓稱為「線上英語會話」的新型商業模式成為英語學習者的新選擇。線上英語會話的日文原文為「オンライン英会話」，是「online」加上「英語會話」的新複合名詞。

別以為這是只有學生會使用的學習服務，線上英語會話的使用者分佈甚廣，從國高中生到成年人完全涵蓋。尤其在成人市場中，主動學習動機強烈的大學生和商務人士，更是對這種新式會話教學趨之若鶩。

雖然大部分的線上英語會話業者都宣稱自己擁有來自各國的英語家教，而最具規模的線上英語會話公司「DMM英会話」，甚至號稱擁有四千五百名來自六十個不同國家的英語講師，但事實上，日本人所使用的絕大部分英語會話服務，其實都由菲律賓籍家教提供。別小看菲律賓人的英文能力，因為他們的官方語言本來就是英文！

來自六十個國家的英語講師，雖然看起來是很豐富的人才庫，但是撇開來自英、美等英語母語大國的講師，歐洲小國如塞爾維亞、立陶宛等國籍的英語家教，多數只不過徒具白人面孔，但母語根本不是英文，而是塞爾維亞語、立陶宛語等家鄉話！菲律賓人的英文跟這些人比起來，其實好得多了。

當然，菲律賓成為日本人練習線上英語會話新寵兒，不只是因為語言能力。畢竟，跟菲律賓人學英文的劣勢明明白白地擺在那兒——就像美國人和英國人的腔調大不同一樣，跟菲律賓人學英文，雖然能讓講出來的英文腔調離日本腔遠一點，卻會往菲律賓腔靠攏！

菲律賓在這場跨國線上英語教育之戰中，從國際社會上脫穎而出更重要的原因，是價格。

線上英語會話最大的好處，在於大幅降低英文母語講師的指導費用，破除了訓練英文口說能力等於花費大筆金額的魔咒。和英國、美國甚至澳洲相比，菲律賓的人力便宜得多，透過一條網路線，就能將菲律賓的英語能力外銷給海外的買家，對菲律賓人來說，拓展了在母國無法獲得的新商機；對日本人來說，則是獲得了低成本高品質的語言教育服務。皆大歡喜！

以經營得較具規模的幾家線上英語會話為例，DMM 英会話每日一次和英語家教對話二十五分鐘，月費僅四千九百五十日圓（台幣一千四百元左右），平均一次才一百六十五日圓（約台幣五十元）！只不過是一瓶飲料的價格！

而同樣便宜的月費四千九百五十日圓，在ネイティブキャンプ（NativeCamp）甚至可以享有「講到飽」的服務。隨時上網，打開視訊，只要教師有空，就可以開始課程，次數完全不受限制，學員越積極，就越划算。

相較於門檻低的生活會話課，也有專門提供留學、商務會話的線上英語會話公司。ベストティーチャー（Best Teacher）就是針對托福（TOEFL iBT）、多益（TOEIC）、雅思（IELTS）等國際大考試提供家教服務，但是月費也貴得多。

以日本國內的英文檢定為目標的話，每個月要繳交一萬五千一百二十日圓（約台幣四千元），國際級英文考試更貴，每個月要一萬六千兩百日圓（約台幣四千四百元）。但不只是英語會話，連作文和閱讀能力也包含在教學範圍內。

說實在的，現代人要在忙碌的生活中擠出一至兩個小時學習英文，談何容易？但增進語言能力，經常是在公司獲得升職、加薪的捷徑，所以仍有相當大的需求。以二十五分鐘為單位，而且免去了往返補習班的車程，可以省下更多時間，在經濟上也不造成壓力，如此輕鬆的進修方式，難怪在日本能蔚為風潮呢！

おもしろい！

大多數的日本人其實「中文？略懂。」

赴日旅遊的時候，不論是台灣人也好，中國人也好，在街頭上對著日本人指指點點，說三道四的情況很常見。不論是說：「快看，那個女生真可愛」，還是說：「這家店也太貴了吧，東西好像也沒多特別」，大部分的旅人，都存著「日本人不懂中文」的心理，口無遮攔地大放厥詞。

但是聽得懂中文的日本人絕對不會說出來：其實你們說我們的壞話，我們聽得懂！

咦，日本人懂中文嗎？日本人大家都學中文嗎？當然不是全民都學。但是，懂中文的日本人，其實比我們想像中多得多喔。

日文由三個部分組成，日文漢字、假名、羅馬字三個部分，分別代表了日文從口語進入到書面的三個重要的時間點。這其中，有兩個階段都和中國脫不了干係！

首先進入日本的是中國的漢字，日本人在引進漢字之前，是沒有一套有系統文字的語言。引進了中國的漢字，才使得日本開始有了文字。但是日本原來也有相當悠長的口述歷史，所以他們採用漢字的近似讀音，來模擬日語中原有的發音。

可是，漢字寫起來太過於複雜，於是日本人開始省略筆畫、改造漢字，創造出了片假名和平假名。事實上，片假名是將漢字的一部份取出，作為漢文的訓讀標示記號使用，而平假名，則是將漢字草書簡化書寫而得來的字體，最開始的時候，是被稱作「女手（おんあで）」的字體，因為它主要的使用族群是女性。

其實光是想想日文和中文之間這麼長的歷史淵源就該知道，日本人對中文的了解其實並不簡單。即便中、日文之間的歷史都避開不看，單看現在的日文，也會發現日文中許多漢字詞彙和中文的詞彙在意義、發音上都是共通的。

雖然在中文使用者眼中，常常只注意到日文中大量使用了漢字，所以知道「寫單字給他們，看得懂喔！」。但是，其實對日文母語的人來說，中文和日文其實只是省略了活用助詞，並且在語順上正好相反，比如中文的「讀書」，在日文裡是「書を読む」，動詞和受詞倒置，僅此而已。經過適當地學習，掌握了閱讀漢文的技巧之後，對日本人來說要讀中文，並不很困難。

另外，日本人其實在學生時代的國文課（日本人的國文，所以是日文課）裡，會學習正統的「漢文」和「詩」、「賦」等中國古文。從孔孟到唐宋八大家，日本學生都學過。那可是文言文啊！

在和台灣、中國經貿往來益趨頻繁的今日，想要加強競爭力的日本人選擇進修相對容易上手的中文，合情合理。而且就像中文使用者進入日本漢字世界幾乎沒有障礙一樣，日文使用者學習中文，其實也受惠於從小學習的漢字識讀能力，所以通常日本人學習中文，認真起來大概學習個半年，就能進行基本的會話。即便真的沒有學過中文，從小接觸的中文也並不少，日本人或多或少還是聽得懂。

雖然即使當面被人用中文指指點點，日本人通常也會假裝聽不懂，但是既然已經知道日本人「中文？略懂。」，要是還在日本人面前大聲地用中文亂講話，可別怪人家對你的印象分數大打折扣了！

面白小知識

万葉仮名（まんようがな）：文中所提到的這種記錄方式稱為「万葉仮名（まんようがな）」。在平假名、片假名發明前，漢字曾被作為日語的表音文字，廣泛地使用。比如日本傳說中，創造出天地、並生下諸神的兄妹天神，在《古事記》中分別被記為「伊邪那岐命（イザナギノミコト）」、「伊邪那美命（イザナミノミコト）」，就是採用這種記錄方式。

おもしろい！

日本人並非都愛天皇

天皇就是神！你聽到這句話，會一笑置之，還是心悅誠服呢？日本古代神話中，天皇是日本的天照大神後裔降於凡世而來。所以從日本人的名字來看會發現，一般人民都有苗字和名字，苗字是護照上的姓氏，在家族中代代相傳，名則是父母給子女起的個人專屬的名字，但日本的天皇卻沒有姓氏。那麼天皇究竟是人，還是神呢？在日本確實有很多相信天皇、尊崇天皇的人，最顯著的是在二次大戰的時候，許多人民、士兵願為天皇而死，並且視其為無比榮耀的事情。這些萬死不辭，都是人們相信天皇具有神性的緣故。

雖然在日本漫長的歷史中，天皇家曾遭遇過不少挑戰，大權旁落、受人挾制，甚至因為政治鬥爭，而像發生過「南北天皇」各據一方的危機……但終究，天皇一家萬世一系不是空口說白話，這個家族真實地在日本的最高地位上，穩固地經過了一千多年，至今仍未見衰頹。

即便到了二十一世紀的今日，天皇仍然是日本國和平憲法之中所法定的「日本的象徵」，地位崇高無庸置疑。但是，日本國內也有一些的民眾，開始不買天皇的單，甚至認為天皇與皇族根本代表不了日本，只是浪費國家資源的稅金蠹蟲。

話說從頭，日本天皇之所以能夠享有崇高的地位，並且在日本屹立不搖，靠的是天皇作為天照大神後裔的身份。而這一切的根源，都要回溯日本歷史上最早出現的史書——《日本書紀》和《古事記》。兩本書分別由第四十代天武天皇和第四十三代元明天皇下令撰寫，內容記錄了日本在擁有文字以前的口述歷史。

有沒有注意到什麼可疑的地方？能夠證明天皇是神之後裔的《古事記》和《日本書紀》兩本書，說起來都是天皇自己下令叫人寫的嘛。

是否開始有「球員兼裁判」、「都你說了算」的違和感？

以中國的史書為例來談，早從商朝開始，中國已有文字。也就是說，相較於日本的歷史，中國從西元前大約一千六百年開始，中國的歷史已經以文字實質紀錄，進入了信史時代。此後，君王身邊便有史官，紀錄政治核心的君王每日的一舉一動。而每次改朝換代，新王朝的必要工作之一，就是編纂上一個朝代的史書，永傳後世。之所以叫做信史，就是因為歷史絕不能空口無憑、憑空揑造，必須有文字為佐證才能採信。而上一個朝代的歷史需由下一個朝代負責編撰，也是避免君王依照個人喜好，影響史官記錄的自由，甚至留下不真的歷史。

為了維護歷史的真實，歷代不知多少史官受盡磨難。文天祥寫《正氣歌》，頭兩個例子就是「在齊太史簡，在晉董孤筆」，說的正是春秋時期齊、晉兩國的太史公，置生死於度外，堅持要以筆正史，在歷史上留下正確紀錄的故事。

先不管史家的書寫立場問題，日本天皇的故事在某種程度上與此正好相反。日本歷史上最重要的、能夠帶人一探天皇萬世一系秘密的書籍《日本書紀》，其實是天武天皇掌權後，為了鞏固皇權，而編纂的書籍。《日本書紀》中記載「天皇是神的後裔」，甚至上溯西元前六百六十年的第一代神武天皇的故事，讓天皇氏擺脫了人世間的權力鬥爭，一舉躍升到神的地位上，功不可沒。但從中國的歷史觀之，會發現天皇一詞在隋代首次出現，和《古事記》和《日本書紀》成書的時間相符。這樣的史書稱得上嚴格定義的史書嗎？或許還有討論的空間吧。

過去有很長一段時間，天皇被日本人視為「現人神（あらひとがみ）」，也就是以人的樣子出現在人世間的神，但在第二次世界大戰戰敗之後，第一百二十四代的昭和天皇公開了發表《人間宣言》（にんげんせんげん），放棄了一直以來認定的神的身份。

但即便發表了人間宣言，天皇的「神性」仍然真實地影響著日本社會和天皇一家。任憑政治權力中心轉移，天皇從掌實權的「天皇制」活到了不掌權的「象徵天皇制」的年代，天皇氏崇高的地位始終無人能夠動搖。

不過，到了二十一世紀，網路成了新的信仰，天皇的信仰終究有些守不住的趨勢。「天皇只不過是普通人，每年還要花費這麼多稅金……不值得！」，或是「天皇是代表日本沒錯啦，但是我也不覺得天皇真的有那麼特別。」這類在過去被視為瀆神的說法，今天卻可以在網路世界堂而皇之說出來，甚至也有天皇廢止論相關的議論出現。

那麼為什麼天皇在政治上，仍然有重要的地位呢？比如日本國會會期開始時，必須由天皇舉行儀式宣佈開會；每逢重要的節慶，天皇也會在電視上露露臉，展現精神爽朗的樣子。天皇參與政治活動的背後，除了有真心支持天皇作為日本精神象徵的民眾之外，當然還是政治的遊戲！在政客的心中，藉由擁護天皇，可以鞏固政治上既得的勢力，而「象徵天皇制」之下，天皇只能被操弄，無法實際作為。天下哪有比這更值得支持的君主了呢？！

おもしろい！

從語言看見階級制度的殘影

日本在明治維新之後，社會發生了重大的轉變。舊有的階級制度面臨改革。一八六九年明治政府宣布四民平等（しみんびょうどう），將士農工商（しのうこうしょう，日本區分國民階級的制度，並非中文區分職業的意涵）列為不同階級的身份制度廢止，封建藩主、公卿、諸侯轉而編為華族，另依舊階級制度，將餘者編為士族、平民以及最下層的「被差別部落（ひさべつぶらく）」。

此舉明治政府但這次改革並未真正改變階級制度，明治政府這一著棋真正的目的是版籍奉還（はんせきほうかん），也就是從諸藩手中收回版（即土地）和籍（即人民）交還給天皇。但要將土地和人民的所有權從藩主手中奪走，勢必激起藩主們的不滿，造成國家再次陷入動盪，因此讓階級制度實存名亡，正是為了避免再起戰事。

與其說這是明治政府的開明政策，不如說是為了一八七四年廢藩

置縣（廢藩置県，はいはんちけん）所做的準備。最佳的證明就是，雖然一八七〇年開始平民也能擁有以往只有貴族能夠擁有的「苗字（みょうじ，家族姓氏）」，但舊制的賤民（新制稱其為被差別部落）仍然存在。

宣布四民平等的第三年（一八七一年），明治政府將不同華族、士族、平民間禁止通婚的法令廢除，同時頒布解放令——也就是日本學者們稱做賤称廃止令（せんしょうはいしれい）的法令——「穢多非人」者才獲得和平民同樣的身份和自由選擇職業的權利。至此，日本的階級制度才宣告終結。

可是，階級制度在日本早已根深柢固，深刻融合於文化、生活之中，已不是單純的社會制度。階級之別，不只限制職業種類、區隔社交圈，在使用的語言上，亦有明確的區別。而這階級社會的種種，雖然在明治維新之後明文廢除，卻仍有跡可尋。要找到這階級社會的影子，從蘊藏於語言中的文化線索，可知一二。

日文就是日本社會的縮影。仔細觀察就能知道，日文中的語言階級意識，即便在明文廢除階級之後，仍然無處不在。在上層階級彼此之間，溝通時使用的是敬語和丁寧語(詳見第165頁)，既禮貌，又委婉，是情感豐富的語彙。有些人以為敬語只是下對上的語言，其實不然。

在下對上的情況下，下位者對上位者使用敬語，這種敬語是尊敬上位者、因身份差而使用的敬語。而上層階級之間的對話也會使用敬語或丁寧語，彼此之間明明沒有上下，卻客氣來客氣去，這是優良家教的表現。

有別於日本社會之中，家族之間的對話普遍僅使用普通體對話，上層階級即便是家族之間，也有使用丁寧語對話的家族。不論何時都謙恭有禮、文質彬彬，使用敬語已經不是表現對對方的尊敬而已，同時還是自我教養的展現。但其實不只日本，世界各地的國家都有從語言、腔調、用字來推敲說話者出身地、身份階級的傳統。

眾所週知英式英文與美式英文在某些詞彙上存在拼字方式、使用習慣不同的歧異，大多數的人也都分得出英語和美語的腔調差異，但這樣的理解並不完全。一般大眾僅認知到英語、美語之間存在腔調差異，但這太過一分為二。即便在美國本土，腔調也因各州習慣而大異其趣，出身自不同地區的人，各自有其特殊的鄉音。

一般大眾所認知的「英國腔」，其實正是與「鄉音」對立的存在，英國腔並不是一種「地方腔調」，而是稱為「RP（Received Pronunciation），標準發音」的腔調。

在十九世紀中產階級興起、社會流動劇烈的時代，有實力的人就能爭取到機會，而身家背景和地緣關係，卻是與個人實力不相關、個人亦無法左右的宿命。雖然地緣關係有時能為人帶來額外的機會，但是大部分的情況下，因為自己的出身而遭到差別待遇，未必會是好事。

對於出身低微或是來自鄉村的中產階級而言，在社會上可以獲得的資源原本就比較少，與自己來自相同地方、背景，而能夠因為地緣關係獲得幫助的機會更是微小，因此毫無顧忌地顯露出自己的出身，無異自曝其短。

但在早期的英國，因為國內各地發音方式迥異，所以一旦開口說話，老家在何處就藏也藏不住。這情況跟現在的美國白人、黑人通常有明顯的發音、措辭差異一樣——即便不看外表，光從發音就能得知個人的膚色、身家背景，甚至因此造成在生活乃至求職各方面，遭到歧視。

伴隨十九世紀中產階級興起，英國各地開始大量建設公立學校，孩童被送進公制教育之中，並在學校裡學習到和各自地方腔調不同的標準化發音，也就是RP。這種標準化的腔調讓RP的使用者擺脫了地方腔調，可以隱藏自己的身份背景與出身，因而被廣泛地推廣和使用。

到了二十世紀，英國廣播電台BBC採用RP作為公播的標準語調，也讓去除地方色彩、中性且代表中產階級的腔調成為全世界普遍認識的腔調。即便時至今日，RP仍然不是英國使用者最多的腔調，但其卻是公認代表現代英國的腔調。

無獨有偶，在民國初年的中國也發生了同樣的事情，選定北京話為標準國語的民國政府，事實上也並不只是選擇了北京話，而是製造出一種通用於全國，並且去除了地方色彩的腔調，讓全國人民能夠破除地區的壁壘，溝通無礙。

不論是中國的標準國語或是英國的RP，說穿了都是讓人在進入社會、走跳江湖時，能夠看起來更稱頭的必備工具。

繞了地球一圈，再回到日本吧。和英國以RP樹立了標準腔調不同，日語中敬語或普通語並非地方語言，而是從語彙、語法上截然不同。前者的存在破除了語言的地域性，讓不同地區的人能夠在相同的基準點上溝通；後者則是階級制度的縮影，語言成了人與人之間上下不對等關係的延伸。

日本學童學習日語，首先在原生家庭中先透過對話習得庶民使用的普通語。年紀漸長，進入學校幾年後，漸漸也會開始學習禮貌的丁寧語，與之伴隨的是，開始理解如何依照人際間的親疏、上下關係，選用適當的語言。

至於敬語則又是另一回事了。日本的青少年大多不能精準掌握敬語的使用方式，直到接近成年的十幾、二十歲時，日本人才會為了求職而學習敬語。但，這都是一般家庭的情況，如果是「有身份的家庭」則又是另一回事了。

最容易理解的例子，大概就是《櫻桃小丸子》裡面的花輪一家吧。有禮又優雅的花輪君，很明顯地在日常生活和說話、儀表上，都和他的同學們大相逕庭。小丸子和濱崎、豬太郎，代表了真正的庶民；花輪代表的則是日本社會的上層，和社會底層所使用的語言不僅詞彙不同，連語法也不一樣。

事實上，在上層階級的耳中，光是從說話者使用語言方式，就能快速辨別對方是否與自己是相同層級。但中下階級往往因為來自底層，而未能具備和上層階級相匹敵的語言能力，而連「自己使用的語言和別人不一樣，並在無形中透露出自己的身家」都不知道。這種「家教」已經可以算得上是一種「家學」，並非一夕致富成為土豪，就能立刻習得。

即便階級制度已經從日本的社會制度中被一筆勾銷，但長久以來階級制度在社會中留下的印痕，卻仍然在無形中影響著所有人的生活，日語中保存下來的階級意識和上下關係，即是如此最好的證明。

おもしろい！

特殊的互信商業模式

一般來說，日本人做生意很龜毛，比起「這一票賺的金額多不多」，日本人更在意「和什麼樣的人做生意」。因此對於外國企業而言，日本市場雖然大，但是進入障礙卻也特別高，不只要進入日文市場本來就有其難度，要先找到好的合作夥伴，而且還是願意跟外國人做生意的日本公司，就已經相當不容易。

首先我們從日本人做生意時所在乎的重點來談吧。在正常情況下，公司的營運目標是獲利，不符合商業利益的合作案，很難說服股東、員工，也很難為公司帶來利益。可是，日本人在談商業合作時，卻有可能更在乎利益以外的考量，也就是與合作對象彼此長久累積的互信原則。

謀求打入日本市場或是取得日本貨源的外國廠商，如果沒有透過熟識的介紹窗口認識日本廠商，而在剛開始的時候就採取單刀直入的提案方式，往往面臨沒人願意接案的窘境。

然而，這並不是日本人歧視外國人的緣故。就算是日本人自己，也經常遇到相同的問題！明明已經打聽清楚競爭對手的價格、產品特性，提出更優惠的方案搶客戶，還是要吃閉門羹。——看起來日本人很傻，生意人卻連算盤都不會打，竟放著白花花的銀子不賺！

但在日本人的心裡，哪裡不知道「這個價格真划算」？他們更在意的，是長久以來和商業夥伴之間建立的互信互惠、共榮共辱的情懷。但為什麼日本會有這種特殊的商業模式呢？

長期合作的關係，代表著對合作對象深刻的了解，這可不是「會從客戶那邊收到女兒喜歡吃的豆大福」這種無關痛癢的事情！長期合作表示雙方互知根底，從會不會積欠貨款、是否習慣拖延交貨，到研發實力和品管態度，都能掌握。這可是只有在長期合作，互相磨合之後，才會知道的重要資訊。

另一方面，互相合作得越久的夥伴之間，共享的秘密也越多。如果是重視研發的公司，那麼合作夥伴能否積極保護己方的研發資料，嚴守商業秘密，就能左右公司的生死。另外像是合作公司的融資情況、資金壓力，甚至是私底下交換些不能明說的業界八卦，也都是唯有長期合作取得彼此互信之後，才能享有的附加價值。

雖然在價格戰上，老客戶有時贏不了新客戶，但是接受新客戶代表必須承受伴隨而來的未知風險。不論是無法履約或是洩露機密，任何的意外都可能讓公司陷入危機！所以在日本人的心中，除非必要，不會輕易切斷和長期合作夥伴之間的羈絆。

日本人對於合作夥伴是否值得信任的重視，不只超越價格，也超越品牌。如果一家公司突然交由第二代接棒，也會影響到合作廠商繼續合作的意願。比起公司之間的契約和條件，日本人更看重有沒有說得上話、負得起責任的主事者。

除了公司的經營層，公司之間的關鍵窗口也有舉足輕重的地位。每家公司的合作，最初必定是某個業務積極接洽，成功取得對方信任，才進而順利進行。而這名業務作為促成合作的關鍵角色，在往後所有合作案中，都背負著對方的信任。倘若臨時替換這促成合作的關鍵窗口，即便只是替換一員課長，對日本公司來說，也可能是會影響到合作廠商續約意願的大事。

不過，取得合作之後，就會像是從地獄轉生上天堂一樣，從此進入小圈圈裡。但是享受越多責任也越大，一旦失去信任，便永遠遭到剔除，更甚者還會失信於業界，讓人再也混不下去，損失慘重。

對於每個經歷過「搏感情、展誠意」的漫長業務開拓過程的人而言，在說服對方合作之後繼續維持佳績，讓合作能走得長長久久，則又是另一門功課了。

おもしろい！

用菁英公務員解決政黨輪替問題

民主政治中的政黨輪替是正常現象，所有政黨輪替也都免不了要面對人息政亡。換人上位可能面臨換一套內閣換一套政策的問題，對此日本採用特殊的官僚制（かんりょうせい），讓國家政策、政經發展能在政黨輪替時仍然維持穩定的延續。說起來這是怎麼做到的呢？

對台灣人而言，日本由中階菁英組成的官僚系統，是個相對於國會而言更陌生的概念。但正是這個官僚體制，撐起決策日本經濟政策等制度的重責大任。比如，經濟產業省是日本極重要的一個政府部門，而在日本政府政黨輪替時，經濟產業省中除了最上層經濟產業省大臣（相當於經濟部部長）等級的人事權由執政當局控制，會因政權輪替的影響遭到替換之外，作為中流砥柱的高級官僚們皆採終身聘用制度。因此，不論上層如何世代交替，位在行政中樞擔任核心的高級官僚們與其政策制定並輕易不受此左右。

在官僚體制之下，長期為國政發展努力的官僚便能為國家制定長達十年、二十年以上，有遠見且一以貫之的宏觀政策，並且執行相應的配套措施。能否貫徹政策，不隨政黨輪替而朝令夕改，對國家長遠的發展，有至關重要的影響，而日本的官僚體制，則是維持這一切運行無礙的關鍵。

日本過往層面臨數次經濟危機與政策轉變，與之伴隨著的許多問題，如，日本政策單位面對突如其來的經濟危機時如何因應、在政策轉型時政府與民間的如何溝通，或是政策轉型造成資源重分配之受損企業如何補貼等議題，都有這群高級官僚在政治中樞為國民殫精竭慮。

以西元二〇〇八年的金融海嘯為例，日本便期望能藉機開展以綠能環保、長者照護等產業作為新重點的政策，這同時能讓屬於舊時代、已不具競爭力的產業逐漸遭到淘汰。

面對著舉世無雙的高齡化的社會，日本政府負擔著龐大的壓力。要讓國民得以享有快樂的退休生活、安寧終老，打造能夠創造更多產值的產業刻不容緩。在這之中，高齡化社會的危機成了高級官僚眼中的新商機。

「既然日本擁有全世界最高齡化的社會，而高齡化社會是世界共同的趨勢，那麼日本所擁有的老人照護經驗，便是一門能夠獨步全球的生意。」從老人長期照護的模式到復健輔具、護具的開發，能夠在「老人商機」上搶得先機的，確實非日本這高齡化問題嚴重的國家莫屬。

站在經濟產業省的角度，雖然每次的經濟危機對產業來說都是一次劇烈衝擊，但是官員的態度卻是：「經濟危機的時候也正是進行產業重整、危機轉型的最佳時機。」這樣的思維帶給日本從危機重生的關鍵力量。

當然，政策的轉變，比如補助產業重心轉移等等，一方面雖然能夠培植新產業，另一方面，卻也必然伴隨新的得利者與既得利益者之間的利益損傷。這個問題舉世皆然，有得必有失。回頭看看台灣，台灣也面臨官商在產業發展重心、補助金分配時難以取得平衡的難症，各產業利益團體爭吵不休，政策難以推行。

而日本政府與台灣政府在這方面最大的不同之處，便是其認同國家發展趨勢必須優於企業間利益分配之爭。雖然明知產業扶植與政府補助的重心轉移後，夕陽產業的就職者必然受到嚴重衝擊，但為了國家整體利益，日本政府的態度是相當決然的。在適當的時機出現時，即便採取強硬態度，也要採取作為。

可是這並不代表日本政府拋棄了落後、傳統產業。為減輕政策造成之產業衝擊，日本政府在推行新政策前，會極力進行產業溝通，並釋放大量的前期資訊，讓民間企業能夠早作轉型的準備。

落後產業之所以落後，在於生產項目、製作方式、研發能力跟不上時代。但產業中的人力資源和產業經驗仍彌足珍貴，是國之重寶，因此日本政府雖然會調整產業補助，卻也同時對即將受到衝擊的產業施以補貼與教育，以協助轉型的方式緩和沒落產業所受到的衝擊。

再有，新產業順應時勢，其所能創造的產值比面臨淘汰的夕陽產業更大，因此即便夕陽產業無法轉型成功，只要能夠從新產業提撥一部份資金作為舊產業的補償，也就不會讓夕陽產業太難度日。

日本的國會雖然也會打架，但因為有官僚制度、超脫政黨勢力的國家菁英們在公家機關之中發揮所長，因此能發展出真正對國家有益的長期政策。事無大小，只要對國家有益，就是必須推行的政策。很少人知道，日本政府在公家機關都使用再生紙印制公文，都說環保從小處做起，但是一年光是印公文就能省下多少樹林！

還有，日本有櫻花科技計畫，要促進國際交流，讓世界上成年的、未成年的未來科學之星訪日、知日、愛日。但這些日本人著眼於國家大勢所做的努力，號稱很懂日本、很愛日本的外國人卻大多一無所知。

事實上，日本人的公事公辦、重視群體利益以達到整體效益最大化、尊重並熱愛傳統文化和工藝等特質，都是讓日本能夠成為世界強國的要因。但日本的優與缺，若在外國旅客眼中，只看到愛乾淨、有禮貌、東西好吃、和服真美這樣的扁平的日本印象，實在可惜。

おもしろい！

從命名方式與禮儀行事看日本的性別觀

細觀日本歷史的脈絡，我們會發現日本長期有著重男輕女的觀念。古早的觀念，一家之主就是男人，說話大聲走路有風。不僅如此，妻子和丈夫對話時使用的是包含了「です」、「ます」的丁寧語，展現對一家之主的尊重。

注意喔，日語是依照談話對象和自己的身份來決定語體的語言，所以敬語、丁寧語、普通語分別適用於地位高下有別的三種情況。對地位比自己高的人，比如老師、主管時，使用敬語；和地位相當的人對話時，為了表示尊重，使用丁寧語；和地位低於自己的人，才可以略去語尾，使用普通語。

早年的日本人妻即便在沒有外人的時候，對自己的丈夫也使用丁寧體，但另一方面，丈夫卻不管人前人後，都使用簡短的普通語。處處見得到男性地位高於女性的痕跡。

雖然現在的日本，也仍然有看重男性大於女性的人，但是已不這麼想的人也很多了。不過，拒絕重男輕女的觀念，不表示日本人認為「男女平等」、「無視性別差異」是全然正確的！

主張性別平等的人或許會認為：「男性與女性是一樣的，不應該有差別待遇」。但是日本人多半還是相信男女之別，並且認為應該順應性別的天生優勢，才能讓個人發展成適合他自己的狀態，所以不應該將男女當成一樣的類型來對待。

從日本小孩出生時就開始，日本人雖然先學平假名、片假名，再學漢字，但是大多數的日本人的苗字（即姓氏），都是漢字組成。名字的部分，一般也都跟苗字一樣，使用漢字命名。在女孩子身上，事情就有了第二種選擇。日本的小女孩出生時，不像男生有用漢字命名的慣例，也可以選用平假名命名。在日本人的想法裡，漢字的筆畫、造型鏗鏘有力，有男子氣概，而平假名線條柔美輕盈，適合女孩。所以在日本的女孩子，時不時會有僅以平假名命名的情況。

可別誤會用平假名取名字給女孩兒就代表父母不重視女兒，因而懶得為她取漢字名字！漢字優於平假名、片假名的想法純粹是華人的天朝霸權思想，這可是理解日本文化的一大阻礙。選擇漢字給男孩命名，是因為漢字看起來比較有精神，選擇給女孩平假名，是因為平假名筆畫帶有圓潤的線條，但平假名的名字和漢字名地位相當，可沒有孰輕孰重的優劣差異喔！

小孩漸漸長大的過程中，各種傳統儀式也將男性、女性的界線越畫越明。舉幾個例子說明一下吧。台灣的小孩成長過程中，不論男女，只過一天「兒童節」。但日本可不一樣喔！分成小女孩的女兒節，還有小男孩的兒童節。

三月日本女兒歡度女兒節時，要擺公主娃娃慶祝，並在女兒節過完之前趕快將娃娃收藏起來，以免消災厄的公主娃娃反將晦氣傳到家中女兒身上。這個習慣可不只是迷信，更重要的含義是希望藉由將複雜的女兒節娃娃收拾乾淨，女孩能夠養成良好的習慣，將來結婚後家裡的大小事，也都能打理得井井有條。

男孩們專屬的兒童節則跟端午節在同一天，是西曆的五月五日。端午節居然是在西曆五月?!這是怎麼回事呢？日本人自從明治維新以降，力圖改革，明治六年（西元一八七三年）一月一日起，捨棄舊曆，改西曆。從此日本人原本跟中國人一樣在正月一日過年的習慣消失了，過年以及所有節日，都改由西曆計算。

但是改得了日子改不了習慣，節氣、節日的日期數字通通照舊，結果就出現了華人的端午節在農曆五月五，也就是西曆的六月過節，日本人卻提早將近一個月，在西曆五月五過節的情況。

在兒童節的時候，日本的媽媽們會在房子外掛上飄揚的鯉魚旗，希望孩子們可以健康地成長，將來成為了不起的人物。選鯉魚是有典故的，在日本鯉魚是「出世魚（しゅっせうお）」的一種，從幼魚到成魚的各個階段，以不同名字稱之，就稱為出世魚。可是魚換名字，跟孩子健康成長、未來前途無量有什麼關聯嗎？

從奈良時代一直到江戶時代，日本的武士、學者等有地位的男子，在成年禮時，會改換髮型，並且捨棄乳名，獲得全新的名字。不只如此，人生中獲得重大的成就時，也會以新名字做為人生新階段的開始。所以成長過程中不斷換名字的鯉魚，就成為吉利的象徵。但當然，日本文化受到中華文化影響頗深，因此確實鯉魚旗也有受到來自中國俗語「鯉魚躍龍門」的影響。

長大成人的男女更是不同，日本人重視儀表，男人要有「男人的樣子」，女人要有「女人的樣子」，而且不只是服裝、髮型等外在表象，更重要的是，在重視群體生活，共損共榮的日本社會中，性別和義務是綁在一起的。

即便是雙薪家庭，但是男方在家計負擔的問題上，仍然扮演更重要的角色；基本的子女保育責任，則由母親負責。現代日本女性不是不工作，但是在面臨職涯和懷孕的抉擇時，最終選擇離開職場專心生兒育女，然後成為主婦，扛起子女保育、教養問題的人不在少數。度過懷孕期、嬰兒期，小孩終於可以進入托兒所就讀之後，媽媽們並沒有保證能夠返回職場的管道。

早在雇用人力時，日本公司就已經將「適合當作迎賓門面的女性員工」和「能吃苦耐勞風吹日曬雨淋都不怕的男性員工」一分為二。很多女性婚前工作的主要內容就是用年輕可親的笑容為公司建立形象，越大的企業越會養一群外表亮麗的女員工，放在公司大樓的迎賓大廳負責接待，不為別的，就是門面好看。

當年輕媽媽們完成生兒育女的大業，想要回到職場時，新畢業的年輕女孩早已經補位完成，所以很多媽媽雖然有工作，但只做打工或是兼差，而不像男性，會在公司裡得到固定且有升遷管道的職位，能夠將個人職涯推向更高峰。

在外國人看來，這當然是歧視，是男女不平權的大問題。但是在日本人的觀念裡，卻仍然能接受這種事。——當然還是有思想洋派，覺得女人跟男人什麼都該一樣的人，但不是多數。

若把事情簡化一千倍來看，懷孕產子這件人倫大業，確實只有女性能夠擔起重任。但十個月的孕期，加上前後的準備、調養過程，至少要花上一年的時間，也就是說，要在青春正盛的二、三十歲時代產子，若以生兩胎來計算，則女性大約有三年的時間，需要考慮懷孕對生活中各項大小事務產生的影響。

當然懷孕的女性仍然具有工作能力，視工作型態而異，也有幾乎不受影響的類型。但是如果在公司體系中，或是工作型態需要長期加班、配合臨時調動，那麼因為懷孕這件事而造成某些原本可以做的事情，突然不能做了，也不意外。在日本人的眼中，需要旁人額外的協助的孕婦，已經不能算是「完全工作狀態」，如果無法如期完成自己的工作，而需要同事額外支援，甚至可能被討厭。

日文裡有一個詞彙：「寿退社（ことぶきたいしゃ）」，意思不是長壽而圓滿地退休，而是指女性因為結婚而歡喜離職。假如結婚勢必連帶著產子，產子勢必又與教養小孩、參與小孩的學校生活息息相關，那女性工作者無法在工作崗位上一以貫之，就成了隱憂。但這一切，是女性扮演「妻子」、「媽媽」的角色，避無可避的課題。因此結婚成了日本女性生涯中重要的分水嶺，但對男性來說，職涯是延續的，不必因結婚而改變。

泡沫經濟前，有一說為工作的目在於尋找合適的結婚對象，而泡沫經濟之後，錢變得更難賺，日本女性曾有一度覺得單靠男人已經不行，而嚮往西方女性家庭事業兩得意的生活型態。但泡沫經濟至今，年輕人的思考方式，又產生了轉變。

「與其在日本公司高壓力、辛苦的環境下拼命工作到老，果然還是結婚即退休的生活更輕鬆吧。」的想法野火吹又生，年輕人開始向泡沫經濟前追求寿退社靠攏了！

不過畢竟過往的榮景不再，現在的日本女性，分擔家中經濟的人不少，但「事業的重心」還是小孩。你問她們委屈不委屈？對願意這麼做的人來說，每個人在世界上都有自己的功能和強項，男人負責做好男人的事，女人以最適合女人的方式生活。與其追求永遠追不到的齊頭式平等，不如認清男女本不同的事實，積極溝通，找出雙方能夠合作互惠的最佳模式才能創造真幸福！

不管你認同日本人將兩性分別看待，亦或對這種想法嗤之以鼻，日本人「兩性本不同」的思考模式，挺有趣的，不是嗎？

國家圖書館出版品預行編目(CIP)資料

面白日本：穿梭大街小巷 掀揭探看市井間的文化樣貌檢 / 神奇裘莉著．── 初版．── 新北市：遠足文化，2017.06 ──（浮世繪；25）
ISBN 978-986-94233-3-5（平裝）
1. 文化 2. 日本

731.3 105025211

浮世繪 25

面白日本

穿梭大街小巷 掀揭探看市井間的文化樣貌

作者 —— 神奇裘莉
總編輯 —— 郭昕詠
副主編 —— 賴虹伶
編輯 —— 王凱林、徐昉驊、陳柔君
通路行銷 — 何冠龍
封面設計 — 霧室
排版 —— 簡單瑛設

社長 —— 郭重興
發行人兼
出版總監 — 曾大福
出版者 —— 遠足文化事業股份有限公司
地址 —— 231 新北市新店區民權路 108-2 號 9 樓
電話 —— (02)2218-1417
傳真 —— (02)2218-1142
電郵 —— service@sinobooks.com.tw
郵撥帳號 — 19504465
客服專線 — 0800-221-029
部落格 —— http://777walkers.blogspot.com/
網址 —— http://www.bookrep.com.tw
法律顧問 — 華洋法律事務所 蘇文生律師
印製 —— 呈靖彩藝有限公司

初版一刷 2017 年 06 月
Printed in Taiwan